中等职业教育"十一五"规划教材

中职中专财会类教材系列

收银与纳税岗位实训

穆亚萍　任瑞丽　主编

科学出版社

北　京

内 容 简 介

本书以新颁布的《收银员国家职业标准》及最新税法为依据，吸收了近年来中等职业学校会计实践教学的成果，全书共分上、下两篇，分别就企业财务岗位中的收银岗位与纳税岗位两部分内容进行了仿真性实训。

上篇收银岗位实训根据市场对收银岗位操作技能的要求，提炼出会计数字书写、票据填写与审核、人民币真假识别、点钞技能、主要收银业务、操作收银机、收银人员基本素质及礼仪规范、收银员工作综合技能等八大工作事项，力求使收银岗位教学精细化、标准化、模块化和仿真化。

下篇纳税岗位实训根据我国现行税法规定，对税务登记和增值税、营业税、企业所得税、个人所得税、城市维护建设税、教育附加费等相关税费的申报进行实训操作，使学生在掌握必备的税收知识的前提下，掌握纳税申报业务的基本流程，学习填写各类纳税申报表，以便企业进行纳税申报与纳税。

本书以大量仿真的单、证、票、账反映企业相关纳税业务的发生与纳税岗位的操作过程，让学生在"做中学"、"学中做"，提高操作能力。

本书可作为中等职业学校会计及相关专业的实训教材和会计从业人员的参考教材，也可供社会会计岗位在职人员使用。

图书在版编目（CIP）数据

收银与纳税岗位实训/穆亚萍，任瑞丽主编. —北京：科学出版社，2010

（中等职业教育"十一五"规划教材·中职中专财会类教材系列）

ISBN 978-7-03-029651-1

Ⅰ. ①收… Ⅱ. ①穆… ②任… Ⅲ. ①商业服务-专业学校-教材 ②税收管理-中国-专业学校-教材 Ⅳ. ①F718 ②F812.42

中国版本图书馆 CIP 数据核字（2010）第 231926 号

责任编辑：熊远超 毕光跃/ 责任校对：刘玉靖
责任印制：吕春珉 / 封面设计：东方人华平面设计部

科 学 出 版 社 出版

北京东黄城根北街 16 号
邮政编码：100717
http://www.sciencep.com

源海印刷有限责任公司 印刷

科学出版社发行　　各地新华书店经销

*

2011 年 1 月第 一 版　　开本：787×1092　1/16
2011 年 1 月第一次印刷　　印张：13
印数：1—3 000　　字数：296 400

定价：26.00 元

（如有印装质量问题，我社负责调换〈海生〉）

销售部电话 010-62134988　编辑部电话 010-62135763-2021

版权所有，侵权必究

举报电话：010-64030229；010-64034315；13501151303

前　　言

为适应中等职业教育发展的需要，会计专业必须加强专业与课程建设，以培养为社会经济发展服务的初级应用型人材，而教材建设是专业与课程建设之本。改革现有教材模式，突出教材内容的实际性、实践性和实用性，体现"教、学、做"合一的教学原则，让学生在做中学，增强学习兴趣，提高动手操作能力是当前教材改革与建设的当务之急，本书就是适应这一需要而编写的。

在现代企业经济活动中，纳税是必不可少的，是企业必尽的义务，因而中小企业财务会计岗位中的报税岗位显得尤为重要。企业纳税岗位是将税法与企业的会计活动融为一体的、实践性非常强的财务岗位，企业在会计核算时既要能确保国家税收收入及时、足额入库，又要能为企业理财，必然涉及如何正确计算与缴纳等的相关税费问题。

本书是中职会计专业学习实习实训的教材，是以《收银员国家职业标准》、最新的《企业会计制度》和最新税法制度等为依据，以企业收银、纳税实务为基础，以中、小企业收银、纳税岗位为模块，配合会计专业主干课程进行训练。本教材立足于教学实践环节，突破传统课堂教学模式。通过学生对收银、纳税岗位资料的训练和操作，增强感性认识，加强对企业财务岗位、会计流程、纳税内容等的理解；培养学生分析问题、处理问题及动手操作的能力，为他们走向社会后能尽快胜任会计工作奠定基础。

本书以企业收银、纳税两个财务岗位为模块，单独训练，自成体系。每个实训都按照实训目的、实训要求、实训资料进行讲述。

参与本书编写的人员有高洁、张佳荣、刘彩霞、白崇行、梁温娥。本书的编写还得到了李艳老师的帮助与指导，在此对她表示衷心感谢！

目 录

上 篇 收银岗位实训

本 篇 结 构

第一章　收银业务单项基本技能实训

第二章　收银员工作技能综合实训

第一章　收银业务单项基本技能实训

实训一　会计数字的书写规范

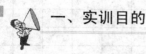 一、实训目的

通过实训，能够快速、准确地按书写规范书写阿拉伯数字，掌握中文大写数字的书写规范。

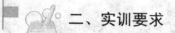 二、实训要求

1）按要求填写阿拉伯数字；
2）按要求完成中文大写数字的书写；
3）按正确结果更正错误的数字。

 三、实训资料

1）请按规范在表格中书写如下数字（忽略标点），表格如表 1-1 所示；
136678982287956301；387094625198765234；506789231345678109；230451789678923134；
908716543218091235；543210789127895643；889923556772211094；456782398034251836；
786543210989654321；543210788992355654；677221109443218091；387094625189654321；
774441111777799999；777755554444999911；133333332222226666；555559998886666000；
123456789098765432；567483920112378563；44337799558822110；338945632698563411。

表 1-1　阿拉伯数字书写表格

2）请在账页中登记下列大写金额，账页金额栏如表 1-2 所示；

人民币捌分；人民币叁拾贰元整；人民币壹佰伍拾肆万零玖分；人民币柒拾陆元贰角整；人民币贰佰万元零肆分；人民币壹拾四万元整；人民币六万元零玖角整。

表 1-2　账页金额栏

亿	千	百	十	万	千	百	十	元	角	分

3）写出下列数字对应的中文大写；

¥420789.08　　　　大写：

¥789342.00　　　　大写：

¥200067.05　　　　大写：

¥3100005.40　　　　大写：

¥5432000.20　　　　大写：

¥213456789.00　　　　大写：

¥8976001.02　　　　大写：

¥6543897.94　　　　大写：

¥25.13　　　　大写：

¥39.07　　　　大写：

6090003　　　　大写：

13576008　　　　　　大写：
2897563410　　　　　大写：
1971243.56　　　　　大写：
2009 年 1 月 20 日　　大写：
2000 年 10 月 10 日　大写：
2010 年 11 月 13 日　大写：
2010 年 9 月 25 日　　大写：
2010 年 5 月 9 日　　　大写：
2010 年 10 月 30 日　大写：

4）根据表 1-3 所给的正确结果订正相应的错误数字。

表 1-3　错误数字订正表

正确结果	错误数字并订正									
	亿	千	百	十	万	千	百	十	元	角	分
168469.00				1	6	8	6	4	9	0	0
5026.43						5	0	2	6	4	5
81567890.10		8	1	6	5	7	8	9	0	1	0
1000.14						1	0	0	0	4	1
4508.41						4	5	0	8	3	1
37890.10					3	8	9	7	0	1	0
2177779.43			2	1	6	7	7	7	9	4	3

实训二　票据的填写和审验

一、实训目的

通过实训，能够快速、准确地按书写规范填写支票、银行进账单、现金缴款单、发票等票据，能够准确审核所收取的支票。

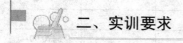

二、实训要求

1）按要求填写支票和银行进账单；
2）按要求填写现金缴款单；

3）正确填开发票；
4）正确写出支票审核的内容。

三、实训资料

（1）收银超市简介
超市名称：西安市电子城人人乐超市
地址：西安市电子商城 126 号
开户银行：工行西安市电子商城支行
账号：3700019029000600565
当班收银员：王晓燕
收银机编号：06
（2）顾客资料
顾客名称：陕西百发有限公司
地址：西安市电子二路中段国晟大厦 4FB2 号
开户银行：工行西安环城西路支行
账号：3700019002960088888
（3）业务资料

2009 年 10 月 20 日，陕西百发有限公司采购人员到西安市电子城人人乐超市购买办公用品一批，总价值 5470 元（见表 1-4）。采购人员携带空白转账支票一张，要求收银员王晓燕帮忙填写以便支付货款，购货、付款完毕后，王晓燕向陕西百发有限公司开具发票一张。

表 1-4　陕西百发有限公司购货清单

商品条码	商品名称	数量	单位	零售价/元	金额/元
6914568987354	紫光打印复印机	1	台	2650.00	2650.00
6914568987788	打印纸	10	箱	90.00	900.00
6925498732054	电话机	5	部	50.00	250.00
6927958215488	朗科移动硬盘	2	个	550.00	1100.00
6935487984444	饮水机	1	台	300.00	300.00
6925448777776	纸杯	10	打	15.00	150.00
6915546833355	碧浪洗衣粉	4	袋	24.00	96.00
6925587773494	康师傅纯净水	1	件	24.00	24.00
合计					5470.00

（4）票据填开实训
1）根据资料（1）～（3）填写以下所示的转账支票、银行进账单和商业零售普通发

票（见表1-5～表1-7）。

表1-5 转账支票

中国工商银行 转账支票 （陕）　　BB 02　04126548

出票日期（大写） 年 月 日	付款行名称：
收款人：	出票人账号：

人民币（大写）	亿	仟	百	十	万	千	百	十	元	角	分

本支票付款期限十天

用途 _____
上列款项请从
我账户内支付
出票人签章　　　　　　　　复核　　　　记账

陕西百发有限公司 财务专用章　明陆印天

表1-6 银行进账单（回单）

中国工商银行 进账单 （回单）　　　3

年 月 日

出票人	全　称		收款人	全　称										
	账　号			账　号										
	开户银行			开户银行	工行西安市电子商城支行									
金额	人民币（大写）					千	百	十	万	千	百	十	元	角	分
	票据类型		票据张数											
	票据号码													

复核　　　　记账　　　　　　　收款人开户银行签章

此联是收款人开户银行交给收款人的收账

表1-7 商业零售普通发票

陕西省西安市商业零售普通发票

陕国税西字（09）商业三联　　　　发票联　　　　　发票代码：161010921330

发票号码：00348871

年　月　日

购货单位（人）	名称		地址									第二联 发票联
品　名　规　格		单位	数量	单价	金　额							
					万	千	百	十	元	角	分	
合计（大写）	万 仟 佰 拾 元 角 分											
销货 单位	名称	西安人人乐超市		纳税人识别号		610198719754012						
	地址	西安市电子商城126号		电　话		029-85637788						

开票人：　　　　　　　　　　　　　　　　　　　　　　销货单位（章）

2）营业结束后，王晓燕下班时将当班期间的营业额进行盘点，经核对：100元的共5把零46张；50元的共5把零26张；10元的共10把，5元的共10把，1角的共2把；支票1张，金额5470元。根据上述资料填写缴款单一份，同现金、支票一起交出纳（见表1-8）。

表1-8 缴款单

西安人人乐超市缴款单

缴款日期：　年　月　日

缴款人姓名			收银机编号										
现金总金额/元	大写：		千	百	十	万	千	百	十	元	角	分	
摘　　要	金　额/元		摘　　要			金　额/元							
券别	把数		券别	把数									
一百元			一元										
五十元			五角										
二十元			贰角										
十元			一角										
五元			分										
二元													
支票总金额/元	大写：		千	百	十	万	千	百	十	元	角	分	
支票张数													
银行卡单及其他证卡	金额：												
	张数：		收款单位签章：										

缴款人：　　　　　　　　　出纳：　　　　　　　　　复核人：

（5）支票审核内容表填写

填写支票审核内容表，如表1-9所示。

表1-9　支票审核内容表

审 验 项 目	审 核 要 点
验　　票	
验　　章	
验　笔　迹	
验　金　额	
验　日　期	
验　证　件	
验　背　书	

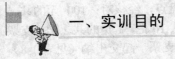

实训三　验　　钞

一、实训目的

通过实训，掌握鉴别人民币真伪的方法和技巧，熟知1999年版和2005年版人民币的防伪特征和二者的区别。

二、实训要求

1）按要求标出2005年版各面值人民币的防伪特征；

2）在水印图案下标明其所对应的人民币面值和版本；

3）标明1999年版和2005年版人民币防伪特征的区别。

三、实训资料

1）2005年版第五套人民币100元样币如图1-1和图1-2所示，请将防伪特征的名称填在图中的条形框内；

图 1-1 2005 年版第五套人民币 100 元样币正面

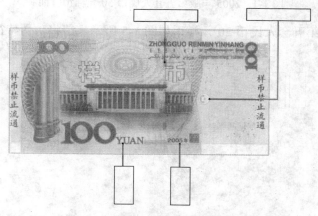

图 1-2 2005 年版第五套人民币 100 元样币背面

2）2005 年版第五套人民币 50 元样币如图 1-3 和图 1-4 所示，请将防伪特征的名称填在图中的条形框内；

图 1-3 2005 年版第五套人民币 50 元样币正面

图 1-4　2005 年版第五套人民币 50 元样币背面

3）2005 年版第五套人民币 20 元样币如图 1-5 所示，请将防伪特征的名称填在图中的条形框内；

图 1-5　2005 年版第五套人民币 20 元样币

4）2005 年版第五套人民币 10 元样币如图 1-6 所示，请将防伪特征的名称填在图中的条形框内；

图 1-6　2005 年版第五套人民币 10 元样币

5）2005 年版第五套人民币 5 元样币如图 1-7 所示，请将防伪特征的名称填在图中的条形框内；

图 1-7　2005 年版第五套人民币 5 元样币

6）水印资料：识别如图 1-8～图 1-11 所示的水印资料，分别标明各水印所属人民币的版本和面值；

第　　套人民币　　元人像水印　　　　　　第　　套人民币　　元荷花水印

图 1-8　人像水印　　　　　　　　　　　　图 1-9　花卉水印

第　　套人民币　　元月季花水印　　　　　第　　套人民币　　元水仙花水印

　　　　　　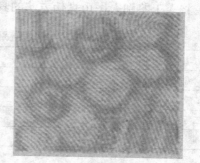

图 1-10　花卉水印　　　　　　　　　　　图 1-11　花卉水印

7）1999 年版与 2005 年版人民币的防伪特征，分别如表 1-10 和表 1-11 所示。请根据以上所给资料填写；

表 1-10　1999 年版人民币防伪特征表

项　目 ＼ 面　值	1999 年版					
	100 元	50 元	20 元	10 元	5 元	1 元
固定水印						—
红、蓝彩色纤维						—
安全线						
隐形面额数字						
胶印缩微文字						
光变油墨面额数字				—		
对印图案			—			
冠字号码						
白水印		—		10	5	—

表 1-11　2005 年版人民币防伪特征表

项　目 ＼ 面　值	2005 年版				
	100 元	50 元	20 元	10 元	5 元
固定水印					
白水印					
全息磁性开窗安全线					
隐形面额数字					
胶印缩微文字					—
对印图案					
冠字号码					
凹印手感线					

8）将人工鉴别人民币真伪方法的具体内容填入表 1-12。

表 1-12　人工鉴别人民币真伪方法的具体内容

方法	具体内容
一看	
二摸	
三听	
四比	

实训四　点　钞

一、实训目的

通过实训，掌握手持式单指单张、扇面和多指多张点钞的方法和技巧，要求准确、快速；掌握点钞机的使用要领，熟练操作点钞机。

二、实训要求

1）掌握点钞工作的程序，将其内容填入点钞工作程序表；
2）用手持式单指单张点钞法点钞100张，共点10次并分别记录清点时间；
3）练习两种扎把方法各10次，并记录扎把时间；
4）用手持式多指多张点钞法点钞100张，共点10次并分别记录清点时间；
5）用扇面点钞法点钞100张，共点10次并分别记录清点时间；
6）对照如表1-14所示的点钞技能量化标准表，将20次点钞成绩记入表内；
7）填写点钞机的操作要点记录表。

三、实训资料

1）点钞纸1把；
2）点钞的工作程序表，如表1-13所示；

表1-13　点钞的工作程序表

程　　序	内　　容

3）点钞技能量化标准表，如表1-14所示；

表1-14　点钞技能量化标准表

方法	等级	3分钟点钞张数	百张所用时间/s
单指单张	一	800张以上	22.0以内
	二	700~799	22.1~23.9
	三	600~699	24.0~25.9

15

方法	等级	3分钟点钞张数	百张所用时间/s
单指单张	四	500～599	26.0～27.9
	五	400～499	28.0～29.9
扇面	一	900以上	20.0以内
	二	800～899	20.1～22.0
	三	700～799	22.1～24.0
	四	600～699	24.1～26.0
	五	500～599	26.1～28.0
多指多张	一	1000张以上	17.0
	二	800～999	17.1～20.0
	三	700～799	20.1～22.0
	四	600～699	22.1～24.0
	五	500～599	24.1～26.0

4）点钞通级成绩记录单，如表1-15所示；

表1-15 点钞通级成绩记录单

班级：		姓名：											差　错
项　目		把　次											错把次数：
		1	2	3	4	5	6	7	8	9	10		
单指单张	点数时间												错张数：
	扎把时间												
扇　面	点数时间												错把次数：
	扎把时间												错张数：
多指多张	点数时间												错把次数：
	扎把时间												错张数：

5）点钞机操作要点记录表，如表1-16所示。

表1-16 点钞机操作要点记录表

操作要点		
工作程序	准备工作	
	操作方法	

实训五 主要收银业务实训

 ## 一、实训目的

通过实训，掌握现金、银行卡、支票、优惠券和会员储值卡等收银业务的操作流程。

 ## 二、实训要求

1）学会填写现金收银业务操作流程图；
2）学会填写银行借记卡收银业务操作流程图和信用卡收银业务操作流程图；
3）学会填写支票收银业务操作流程图；
4）学会填写优惠券收银业务操作流程图；
5）学会填写会员储值卡收银业务操作流程图。

三、实训资料

1）现金收银业务操作流程图，如图 1-12 所示；

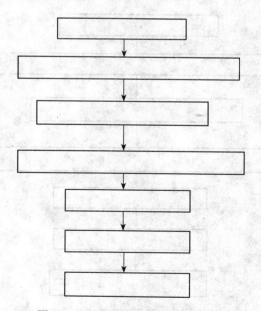

图 1-12 现金收银业务操作流程图

2）银行借记卡收银业务操作流程图，如图1-13所示；信用卡收银业务操作流程图，如图1-14所示；

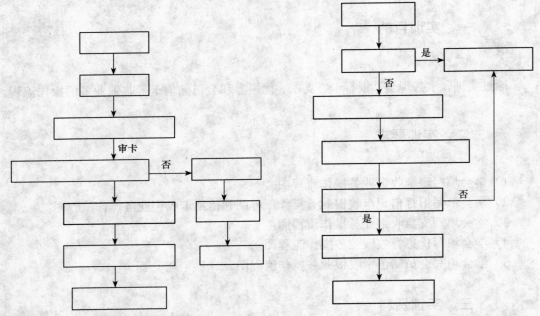

图 1-13　银行借记卡收银业务操作流程图　　　图 1-14　信用卡收银业务操作流程图

3）支票收银业务操作流程图，如图1-15所示；

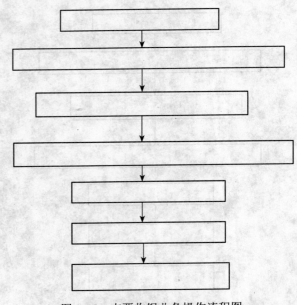

图 1-15　支票收银业务操作流程图

4）优惠券收银业务操作流程图，如图 1-16 所示；

5）会员储值卡收银业务操作流程图，如图 1-17 所示。

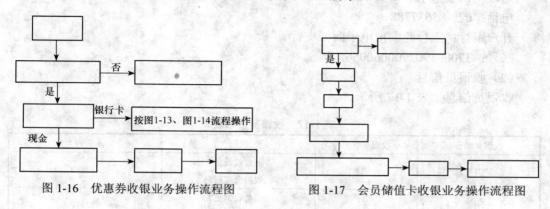

图 1-16　优惠券收银业务操作流程图　　　　　　图 1-17　会员储值卡收银业务操作流程图

实训六　百威 3000XP 后台系统操作

一、实训目的

熟练掌握百威商业 POS 管理软件 3000XP 后台系统的操作。

二、实训要求

1）在百威商业 POS 管理软件 3000XP 后台系统中添加超市基本信息；

2）设置收银员并赋予权限；

3）修改操作员密码；

4）设置商品类别；

5）商品档案设置；

6）供应商档案设置；

7）部门设置；

8）职员设置；

9）结算方式和收款账户设置。

三、实训资料

（1）企业信息

企业名称：西安市电子城人人乐超市

纳税人识别号：610198719754012

地址：西安市电子商城 126 号

电话：029-85637788

开户银行：工行西安市电子商城支行

账号：3700019029000600565

（2）收银员信息

收银员信息如表 1-17 所示。

表 1-17　收银员信息表

收银员编号	收银员姓名	权限	密码
01	张思嘉	前台收银员 收银员全部权限	888888
02	李梦洁	前台收银员 收银员全部权限	888888
03	王晓燕	前台收银员 收银员全部权限	888888
04	崔晓楠	前台收银员 收银员全部权限	888888
05	冯依依	前台收银员 收银员全部权限	888888

（3）商品分类信息如下：

1）分类信息

01 食品

02 饮料烟酒

03 副食

04 粮油

05 洗涤日化

06 针纺服饰

2）商品档案信息。商品档案信息（部分）如表 1-18 所示。

表 1-18　商品档案信息表

商品条码	商品名称	单位	进价/元	零售价/元
6914568987354	庐山牌香烟	盒	5.00	6.00
6914568987788	庐山牌香烟	条	50.00	56.00
6925498732054	品客薯片	罐	8.00	12.00
6927958215488	大白兔奶糖	袋	3.20	4.00
6935487984444	西凤酒 6 年陈酿	瓶	40.00	56.00
6925448777776	屈臣氏面膜粉	袋	6.80	8.00
6915546833355	碧浪洗衣粉	袋	3.00	4.00

续表

商品条码	商品名称	单位	进价/元	零售价/元
6925587773494	康师傅纯净水	瓶	0.80	1.00
6915432133269	红塔山牌香烟	条	200.00	260.00
6923414446799	舒蕾洗发水	瓶	20.00	23.00
6914687933974	顺爽洗发水	瓶	15.00	21.00

（4）供应商档案

供应商档案信息如表 1-19 所示。

表 1-19 供应商档案信息表

供应商编号	供应商名称	地区	联系人
1000	北京屈臣氏有限公司	北京	张三
2000	上海华联有限公司	上海	李四
3000	深圳百盛公司	深圳	王五
4000	西安可口可乐公司	西安	马六

（5）部门信息

本超市共设 4 个职能部门，如表 1-20 所示。

表 1-20 部门信息表

部门	负责人
总经理办公室	姚娜
收银部	林梅
储运部	魏海
采购部	丁丁
后勤部	李永利

（6）员工信息

员工信息如表 1-21 所示。

表 1-21 员工信息表

员工编号	姓 名	性 别	部 门
01	张思嘉	女	收银部
02	李梦洁	女	收银部
03	王晓燕	女	收银部
04	崔晓楠	女	收银部
05	冯依依	女	收银部
06	丁 丁	男	采购部
07	姚 娜	女	总经理办公室
08	魏 海	男	储运部
09	李永利	男	后勤部
10	林 梅	女	收银部

（7）结算方式和收支账户信息

结算方式和收支账户信息如表1-22所示。

表1-22　结算方式和收支账户信息

结算方式	账户设置
现金	库存现金（1001）
支票	银行存款（1002）
信用卡	工行存款（100201）
储蓄卡	建行存款（100202）

实训七　百威 3000XP 前台系统操作

一、实训目的

通过实训，熟练掌握百威3000XP前台收款系统的操作。

二、实训要求

1）进入前台系统，设置参数；
2）前台当班操作；
3）修改操作员密码；
4）前台收款操作；
5）前台交班操作。

三、实训资料

1）当班操作员资料：

当班日期：电脑当前日期

收银员工号：01

收银员姓名：张思嘉

密码：888888

2）参数资料：将钱箱、客户显示屏及相关参数设置为"有"；输入钱箱初始备用金500元；

3）当班收银员密码变更资料：张思嘉将其密码由原来的888888改为123456；

4) 顾客甲购货资料，如表 1-23 所示；

表 1-23 顾客甲购货资料

商品条码	商品名称	单位	数量	零售价/元	金额/元
6914568987354	庐山牌香烟	盒	2	6.00	12.00
6925498732054	品客薯片	罐	1	12.00	12.00
6927958215488	大白兔奶糖	袋	1	4.00	4.00
6935487984444	西凤酒 6 年陈酿	瓶	1	56.00	56.00
6925448777776	屈臣氏面膜粉	袋	1	8.00	8.00
6915546833355	碧浪洗衣粉	袋	1	4.00	4.00
6925587773494	康师傅纯净水	瓶	2	1.00	2.00
6923414446799	舒蕾洗发水	瓶	1	23.00	23.00
6914687933974	顺爽洗发水	瓶	1	21.00	21.00
合　计					142.00
结算方式	现　金				
实收	200.00	找零		58.00	

5) 顾客乙购货资料，如表 1-24 所示；

表 1-24 顾客乙购货资料

商品条码	商品名称	单位	数量	零售价/元	金额/元
6914568987788	庐山牌香烟	条	1	56.00	56.00
6925498732054	品客薯片	罐	1	12.00	12.00
6927958215488	大白兔奶糖	袋	2	8.00	16.00
6925448777776	屈臣氏面膜粉	袋	2	16.00	32.00
6915546833355	碧浪洗衣粉	袋	4	3.00	12.00
6925587773494	康师傅纯净水	瓶	10	0.80	8.00
6923414446799	舒蕾洗发水	瓶	1	23.00	23.00
合计					159.00
结算方式	储蓄卡				
实收	找零				

6) 顾客丙购货资料，如表 1-25 所示。

表 1-25 顾客丙购货资料

商品条码	商品名称	单位	数量	零售价/元	金额/元
6925498732054	品客薯片	罐	1	12.00	12.00
6927958215488	大白兔奶糖	袋	2	8.00	16.00
6915546833355	碧浪洗衣粉	袋	3	4.00	12.00
合计					40.00
结算方式	信用卡				
实收	找零				

实训八　收银员基本素质及礼仪规范实训

一、实训目的

通过实训，明确收银人员基本素质要求，掌握收银人员的礼仪规范和服务语言规范。

二、实训要求

掌握收银员基本素质及礼仪要求和收银员服务语言规范，并将其填入表 1-26 和表 1-27 内。

三、实训资料

1）收银人员基本素质和礼仪要求表，如表 1-26 所示；

表 1-26　收银人员基本素质和礼仪要求表

项　　目	要　　求
收银员基本素质	
化妆礼仪	
服饰礼仪	
语言礼仪	
行为礼仪	

2）收银员服务语言规范表，如表 1-27 所示。

表 1-27　收银员服务语言规范表

情　　景	标准内容
顾客走近时	
称呼顾客时	
不知如何回答顾客或者对答案没有把握时	
暂时离开收银台时	
重新回到收银台时	
因自己疏忽或没有解决办法时	

续表

情　　景	标准内容
提供意见让顾客决定时	
希望顾客接纳自己意见时	
提出几种方案征询顾客时	
遇到顾客抱怨时	
顾客买不到合适商品时	
顾客询问商品是否新鲜时	
顾客要求包装礼品时	
顾客询问特价商品时	
在店门口遇到购买了本店商品的顾客时	
自己空闲而顾客不知道要到何处结账时	
多位顾客等待结账，而最后一位表示只买了一样东西且有急事待办时	
向顾客传递特价信息时	
顾客商品未计价时	
发现同事计价错误时	
顾客寻找收银机时	
顾客商品放在手中无购物车（篮）时	
顾客商品散落时	
顾客有不舒服症状时	
顾客寻找东西或商品时	
顾客处于不安全状态时	
顾客打烂商品时	
顾客提前吃东西时	
顾客购物结束时	

第二章　收银员工作技能综合实训

实训九　收银员工作流程综合实训

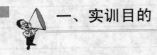

一、实训目的

通过实训，使学生掌握收银员在营业前、营业中、营业快结束和营业结束后 4 个时段全部的工作操作流程和工作要点，培养学生综合处理收银业务的能力。

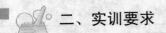

二、实训要求

1）将收银员营业前的收银准备流程填入图 2-1 内；
2）将顾客应付总额及找零金额填入表 2-1 内；
3）将收银员收银业务中的工作流程和服务标准分别填入图 2-2 和表 2-2 内；
4）将收银员营业结束后的工作流程填入图 2-3 内；
5）根据顾客所购商品，为顾客开具发票。

三、实训资料

（1）顾客简况
顾客单位名称：如家快捷酒店
地址：西安市北二环南段 120 号
购货时间：2010 年 3 月 2 日
（2）实训所需资料
1）收银员营业前收银准备流程图，如图 2-1 所示；

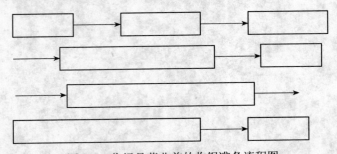

图 2-1　收银员营业前的收银准备流程图

2）顾客购买商品应付总金额及实收、找零金额计算表，如表 2-1 所示；

表 2-1　顾客购买商品付款明细表

商品条码	商品名称	单位	数量	单价/元	金额/元
6915489901211	黄鹤楼白酒	瓶	20	15.00	300.00
6935489901123	力士洗发液	瓶	1	49.00	49.00
6915489901456	美丽牌床单	床	3	45.00	135.00
应收金额	人民币现金				
实收金额	人民币现金	500 元			
找零金额	人民币现金				

3）收银员收银业务中的工作流程，如图 2-2 所示；

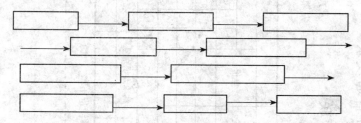

图 2-2　收银员营业中的工作流程表

4）收银员工作时的服务标准，如表 2-2 所示；

表 2-2　收银员工作时的服务标准表

程序	步骤	标准用语	标准动作	避免
1	欢迎客户			
2	扫描/检查			
3	商品消磁			
4	装袋			
5	合计总额			
6	唱收钱/卡			
7	唱付找零			
8	感谢顾客			

5）收银员营业结束后的工作流程，如图 2-3 所示；

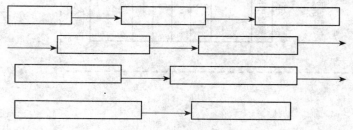

图 2-3　收银员营业结束后的工作流程图

6）为顾客填开发票，如表 2-3 所示。

表 2-3　商业普通发票

陕西省西安市商业普通发票

发票代码：16101092 1330
发票号码：00448895

陕国税西字（09）商业三联

第二联　发票联

购货单位（人）	名称											地址	西安市长安南路 136 号

品名	规格	单位	数量	单价	金额

金额栏：十万 千 百 十 元 角 分

合计（大写）	万 仟 佰 拾 元 角 分

销货单位	名称	西安人人乐超市
	地址	太白南路 177 号

纳税人识别号 61019871975 4012
电话 029-85637788

销货单位（章）

开票人：张峰彤

实训十　收银机系统软件使用综合实训

一、实训目的

通过实训，能够熟练完成收银机系统软件的后台系统和前台收款相关操作，培养学生使用收银机及处理主要收银业务的综合能力，为以后实际上岗工作奠定基础。

二、实训要求

（1）开业前完成收银系统软件后台管理的相关设置
1）在收款软件系统中建立本超市基本信息；
2）设置操作员信息并进行权限设置；
3）完成企业部门设置；
4）建立商品分类信息及商品档案；
5）建立客户和供应商资料；
6）完成前台系统参数设置。
（2）营业中完成前台系统的相关操作
1）设置前台系统参数；
2）收银员登录收银系统进行前台当班；
3）收银员前台收款。
（3）营业结束后完成前台系统的相关操作
1）前台交班；
2）退出收银系统。

三、实训资料

（1）后台系统资料
1）超市简介：
超市名称：西安雨润万家超市
纳税人识别号：610113754245409
地址：西安市明德门小区北区 126 号
电话：029-82637788

开户银行：工行西安市明德门支行

账号：3700019019000600768

2）部门信息，如表 2-4 所示；

3）收银员信息，如表 2-5 所示；

4）供应商档案，如表 2-6 所示；

5）客户档案，如表 2-7 所示；

6）商品分类信息，如表 2-8 所示；

7）商品档案，如表 2-9 所示；

8）结算方式和收支账户信息，如表 2-10 所示；

表2-4　部门信息表

部 门	负责人
总经理办公室	蔺力勇
财务部	王小梅
综合部	李 永

表2-5　收银员信息表

收银员编号	收银员姓名	权 限	密 码
01	张思嘉	前台收银员 收银员全部权限	444444
02	李甜甜	前台收银员 收银员全部权限	333333
03	王晓红	前台收银员 收银员全部权限	222222
04	王晓	前台收银员 收银员全部权限	111111

表2-6　供应商档案表

供应商编号	供应商名称	地 区	联系人
1000	北京屈臣氏有限公司	北京	张三
2000	上海华联有限公司	上海	李四
3000	深圳百盛公司	深圳	王五
4000	西安可口可乐公司	西安	马六

表2-7　客户档案表

客户商编号	客户名称	客户类型	联系人
0986	熊远超	会员储值客户	熊远超
0987	毕光跃	会员储值客户	毕光跃
0988	周旷	会员储值客户	周旷
4000	零售	零售	

表 2-8 商品分类信息表

商品分类	类别代码
烟酒副食	01
日用小百货	02
化妆品	03
书籍	04
药品	05
床上用品	06

表 2-9 商品档案信息表

商品条码	商品名称	单位	进价/元	零售价/元
6914568987354	庐山香烟	盒	5.00	6.00
6914568987788	庐山香烟	条	50.00	56.00
6927958777768	利群香烟	盒	12.00	13.00
6915432133269	红塔山香烟	条	200.00	260.00
6925498732054	品客薯片	罐	8.00	12.00
6927958215488	大白兔奶糖	袋	3.20	4.00
6935487984456	胃必治	盒	13.00	15.00
9769879464136	《白雪公主》	本	18.00	19.00
9785479464136	儿童读物	本	12.00	14.00
6915546833456	全棉毛巾	条	3.50	5.00
6935487984444	西凤酒 6 年陈酿	瓶	40.00	56.00
6925487984467	丝袜	双	1.00	1.50
6915487983251	美丽牌床单	床	43.00	46.00
6925448777776	屈臣氏面膜粉	袋	6.80	8.00
6915546833355	碧浪洗衣粉	袋	3.00	4.00
6925587773494	康师傅纯净水	瓶	0.80	1.00
6923414446799	舒蕾洗发水	瓶	20.00	23.00
6914687933974	顺爽洗发水	瓶	15.00	21.00
6924687933509	六神花露水	瓶	7.50	8.00
6914687984850	立顿红茶	盒	15.20	16.00

表 2-10 结算方式及收支账户设置表

结算方式	账户设置
现金	库存现金（1001）
支票	银行存款（1002）
信用卡	工行存款（100201）
储蓄卡	建行存款（100202）
优惠券	库存现金（1001）

9）客户会员储值卡充值资料，如表 2-11 所示。

表 2-11　会员储值卡充值资料表

客户编号	0986	0987	0988
充值额	30000 元	5000 元	6000 元

（2）后台系统资料

客户屏、钱箱均设置"有"，钱箱初始备用金 1000 元。

（3）前台系统资料

1）收银员资料：

当班日期：电脑当前日期

收银员姓名：李甜甜

收银机号：05

当前有三位顾客在此收银机旁列队等待结账付款，三位顾客按顺序分别是顾客甲、顾客乙、顾客丙。

2）顾客甲购货资料如表 2-12 所示。顾客甲在收银员扫描完商品后，突然说还要购买其他商品，要求收银员挂单操作，收银员挂单操作。

表 2-12　顾客甲购货资料表

商品条码	商品名称	单位	数量	零售价/元	金额/元
6914568987354	庐山香烟	盒	2	6.00	12.00
6925498732054	品客薯片	罐	1	12.00	12.00
6927958215488	大白兔奶糖	袋	1	4.00	4.00
6935487984444	西凤酒 6 年陈酿	瓶	1	56.00	56.00
6925448777776	屈臣氏面膜粉	袋	1	8.00	8.00
6915546833355	碧浪洗衣粉	袋	1	4.00	4.00
6925587773494	康师傅纯净水	瓶	2	1.00	2.00
6923414446799	舒蕾洗发水	瓶	1	23.00	23.00
6914687933974	顺爽洗发水	瓶	1	21.00	21.00
合计					142.00
结算方式	会员储值卡				
应收	找零			—	

3）顾客乙购货资料如表 2-13 所示，请将顾客乙找零金额填入表内。

表 2-13　顾客乙购货资料表

商品条码	商品名称	单位	数量	零售价/元	金额/元
6914568987788	庐山香烟	条	1	56.00	56.00
6925498732054	品客薯片	罐	1	12.00	12.00
6927958215488	大白兔奶糖	袋	2	8.00	16.00
6925448777776	屈臣氏面膜粉	袋	2	16.00	32.00

续表

商品条码	商品名称	单位	数量	零售价/元	金额/元
6915546833355	碧浪洗衣粉	袋	3	4.00	12.00
6925587773494	康师傅纯净水	瓶	1	10.00	10.00
6923414446799	舒蕾洗发水	瓶	1	23.00	23.00
合计					161.00
结算方式			现金		
实收		200.00		找零	

4）顾客甲在顾客乙结账完毕后回来，要求按挂单货品结账，收银员进行取单操作，为顾客甲结账。请按最后结账情况，将顾客甲应收、实收金额填入表 2-13 中。

5）顾客丙购货资料如表 2-14 所示。该客户在收银员扫描完全部商品后，说钱没带够，要求将全棉毛巾 1 条退货。收银员进行退货处理后结账。请将最后丙客户应收、实收金额填入表 2-14 内。

表 2-14 顾客丙购货资料

商品条码	商品名称	单位	数量	零售价/元	金额/元
6925498732054	品客薯片	罐	1	12.00	12.00
6927958215488	大白兔奶糖	袋	2	8.00	16.00
6915546833355	碧浪洗衣粉	袋	3	4.00	12.00
6925587773494	康师傅纯净水	瓶	20	1.00	20.00
6915546833456	全棉毛巾	条	1	5.00	5.00
合计					
结算方式			信用卡		
实收				找零	

6）顾客丙要求开具发票，发票如表 2-15 所示，请按要求开具。

客户丙开票信息为：

开票单位：西安戴维会计培训学校

地址：西安市南二环中段 128 号

7）营业结束后，李甜甜下班时将当班期间的营业额进行盘点，核对无误：面值 100 元的共 5 把零 46 张；面值 50 元的共 5 把零 26 张；面值 10 元的共 10 把；面值 5 元的共 10 把；面值 1 角的共 2 把；支票 2 张，金额共计 5000 元；储蓄卡、信用卡及其他证卡共 10 张，共计金额 10200.50 元。根据上述资料填写缴款单一份，和现金、支票一起交出纳办理缴款手续。根据资料，填写缴款单，缴款单如表 2-16 所示。

表 2-15 为顾客丙开具的发票

陕西省西安市商业普通零售发票

发票代码：16101092133 0
发票号码：01348897

陕国税西字（09）商业三联

第二联 发票联

购货单位（人）	陕西华英实业有限公司	地址	西安市长安南路 136 号								
品名规格	名称	单位	数量	单价	金额						
					万	千	百	十	元	角	分
合计（大写）				万 仟 佰 拾 元 角 分							
销货单位	名称	西安雨润万家超市	纳税人识别号	610113754245409							
	地址	西安市明德门小区北区 126 号	电	029-8263788							

年 月 日

销货单位（章）

开票人：

表 2-16 缴款单

西安雨润万家超市缴款单

缴款人姓名：　　　　缴款日期：　年　月　日　收银机编号：

现金总金额元	大写：	金额元								
		千	百	十	万	千	百	十	元	角	分
摘要 把数	券别	一百元									
	五十元										
	二十元										
	十元										
	五元										
	二元										
	一元										
	五角										
	贰角										
	一角										
	分										
支票总金额元	大写：	金额元									
		千	百	十	万	千	百	十	元	角	分
支票张数											
银行卡单及其他证卡	金额：　　　张数：										

收款单位签章：

缴款人：　　　　出纳：　　　　复核人：

下 篇 纳税岗位实训

本 篇 结 构

第三章 企业税务准备

实训十一 企业税务登记

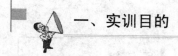

一、实训目的

了解企业开业、变更及注销税务登记等的有关规定，掌握企业在开业、变更及注销等各种情况下的税务登记方法。

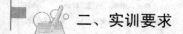

二、实训要求

1）根据所给模拟企业的资料填写开业税务登记表，准备企业开业进行税务登记时所需提供的材料；

2）根据所给模拟企业的资料填写税务变更登记表，准备企业变更税务登记时所需提供的材料；

3）根据所给模拟企业的资料填写注销税务登记申请，准备企业注销税务登记时所需提供的材料。

三、实训资料

1. 开业税务登记

（1）企业开业基本情况

企业名称：陕西爱家装饰材料有限公司

企业法定代表人：王鹏

企业注册资本：伍佰万元整

财务负责人：周梅

经营范围：生产、加工、销售木地板

纳税人识别号：610198719754012

企业成立日期：2005 年 03 月 01 日

开户银行及账号：工行西安市朱雀路支行 3700019029000500578

企业地址及电话：西安市太白南路 171 号 029-85637788

办税人员及发票专管人员：赵红

该公司投资人及投资比例如表 3-1 所示

表 3-1　企业投资信息表

投资方名称	投资金额/万元	所占投资比例/%
新世纪装饰有限公司	250	50
南方装饰公司	130	30
西安新兴装饰公司	120	20

（2）企业开业主要证件资料

1）企业法人营业执照副本，如图 3-1 所示；

企 业 法 人 营 业 执 照

（副　本）（1-1）

注册号 6101021065590

名　　　　称 陕西爱家装饰材料有限公司

住　　　　所 西安市太白南路 171 号

法定代表人姓名 王　鹏

注 册 资 本 500 万元

实 收 资 本 500 万元

公 司 类 型 有限责任公司

经 营 范 围 生产、加工、销售木地板

成立日期 2005 年 03 月 01 日

营业期限 自 2005 年 03 月 01 日至 2009 年 03 月 01 日

请于每月 3 月 1 日至 6 月 30 日向登记机关申报年检

须　　知

1.《企业法人营业执照》是企业取得企业法人资格和合法经营的凭证。

2.《企业法人营业执照》分正本和副本，正本和副本具有同等法律效力。

3. 营业执照正本应放在企业法人住所醒目的位置。

4.《企业法人营业执照》不得伪造、涂改、出租、出借、转让。

5. 登记事项发生变化，应当向公司登记机关申请变更登记，换发《企业法人营业执照》。

6. 每年三月一日至六月三十日，应当参加年度检验。

7.《企业法人营业执照》被吊销后，不得开展与清算无关的经营活动。

8. 办理注销登记，应当交回正本和副本。

9.《企业法人营业执照》遗失或者损坏的，应当在公司登记机关制定的报刊上声明作废，申请补领。

陕西省工商行政管理局

二〇〇五年三月一日

图 3-1　企业法人营业执照副本

2）开户许可证，如图 3-2 所示；

开户许可证

核准号：J7910002820502   编号：7910-00086368

         经审核，<u>陕西爱家装饰材料有限公司</u>符合开户条件，准予开立基本存款账户。

         法定代表人（单位负责人）<u>王 鹏</u> 开户银行 <u>工行西安市朱雀路支行</u>

账 号 <u>3700019029000500578</u>

发证机关

2005 年 03 月 01 日

图 3-2 公司开户许可证

3）企业组织机构代码证副本，如图 3-3 所示。

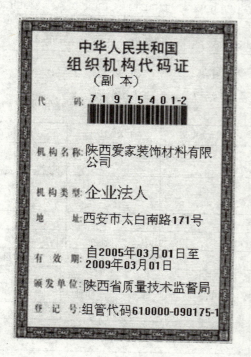

图 3-3 陕西爱家装饰材料有限公司组织机构代码证副本

（3）企业开业税务登记实训

根据实训资料（1）和（2）可知，需在 2005 年 4 月 1 日之前，填写开业税务登记表，并准备开业税务登记所需其他资料，以办理开业税务登记事项。开业税务登记表如表 3-2 所示。

表 3-2　税务登记表

税务登记表
（适合单位纳税人）

填表日期：

纳税人名称		纳税识别号		
登记注册类型		批准设立机关		
组织机构代码		批准设立证明或文件号		
开业（设立）日期	生产经营期限	证照名称	证照号码	
注册地址		邮政编码	联系电话	
生产经营地		邮政编码	联系电话	
核算方式	请选择对应项目打"√" □ 独立核算 □ 非独立核算		从业人数 ＿＿＿ 其中外籍人数＿＿＿	
单位性质	请选择对应项目打"√"□ 企业 □事业单位 □社会团体 □民办非企业单位 □其他			
网站网址		国标行业 □□□□　□□□□　□□□□　□□□□		
适用会计制度	请选择对应项目打"√" □企业会计制度　□小企业会计制度　□金融企业会计制度　□行政事业单位会计制度			

请将法定代表人（负责人）身份证件复印件粘贴在此处。

经营范围

项目 内容 联系人 ＼ 姓名		身份证件		固定电话	移动电话	电子邮箱
		种类	号码			
法定代表人（负责人）						
财务负责人						
办税人						

税务代理人名称	纳税人识别号		联系电话		电子邮箱

注册资本或投资总额（人民币）	币种	金额	币种	金额	币种	金额

投资方名称	投资方经济性质	投资比例	证件种类	证件号码	国籍或地址

续表

自然人投资比例		外资投资比例			国有投资比例	
分支机构名称		注册地址			纳税人识别号	
总机构名称			纳税人识别号			
注册地址			经营范围			
法定代表人姓名		联系电话		注册地址、邮政编码		
代扣代缴、代收代缴税款业务情况	代扣代缴、代收代缴税款业务内容			代扣代缴、代收代缴税种		
附报资料：						
经办人签章： ___年___月___日		法定代表人（负责人）签章： ___年___月___日			纳税人公章： ___年___月___日	

以下由税务机关填写：

纳税人所处街乡				隶属关系	
国税主管税务局		国税主管税务所（科）		是否属于国税、地税共管户	
地税主管税务局		地税主管税务所（科）			
经办人（签章）： 国税经办人：_____ 地税经办人：_____ 受理日期： _____年_____月_____日	国家税务登记机关 （税务登记专用章）： 核准日期： _____年_____月_____日 国税主管税务机关：		地方税务登记机关 （税务登记专用章）： 核准日期： _____年_____月_____日 地税主管税务机关：		
国税核发《税务登记证副本》数量：　　本　　发证日期：_____年_____月_____日					
地税核发《税务登记证副本》数量：　　本　　发证日期：_____年_____月_____日					

2. 企业变更税务登记

（1）企业注册信息变更情况

2007年12月20日经公司董事会批准同意，将经营地址由原来的西安市太白南路171号变更为西安市太白北路86号。

（2）企业变更后的主要证件

1）企业法人营业执照（见图3-4）；

企 业 法 人 营 业 执 照

（副 本）（1-1）

注册号 6101021065590

名　　称　陕西爱家装饰材料有限公司

住　　所　西安市太白北路86号

法定代表人姓名　王　鹏

注　册　资　本　500万元

实　收　资　本　500万元

公　司　类　型　有限责任公司

经　营　范　围　生产、加工、销售木地板

成立日期　2005年03月01日

营业期限　自2005年03月01日至
请于每月3月1日至6月30日向登记机关申报年检

须　知

1. 《企业法人营业执照》是企业取得企业法人资格和合法经营的凭证。
2. 《企业法人营业执照》分正本和副本，正本和副本具有同等法律效力。
3. 营业执照正本应放在企业法人住所醒目的位置。
4. 《企业法人营业执照》不得伪造、涂改、出租、出借、转让。
5. 登记事项发生变化，应当向公司登记机关申请变更登记，换发《企业法人营业执照》。
6. 每年三月一日至六月三十日，应当参加年度检验。
7. 《企业法人营业执照》被吊销后，不得开展与清算无关的经营活动。
8. 办理注销登记，应当交回正本和副本。
9. 《企业法人营业执照》遗失或者损坏的，应当在公司登记机关制定的报刊上声明作废，申请补领。

二〇〇五年三月一日

（陕西省工商行政管理局印章）

图3-4　变更后的企业法人营业执照副本

2）企业组织代码证副本（见图3-5）；

图 3-5 变更后的企业组织代码证副本

（3）企业变更税务登记实训

根据企业变更信息资料填写税务登记变更表，并准备其他相关资料办理税务登记变更事宜。税务登记变更表如表3-3所示。

表 3-3 税务登记变更表

税务登记变更表

纳税人识别号：□□□□□□□□□□□□□□□

纳税人名称：   法定代表人：

变更登记事项			
序号	变更项目	变更前内容	变更后内容

送缴证件情况：

纳税人（盖章）：

法定代表人（负责人）：   办税人员：   填表日期： 年 月 日

续表

主管税务机关审批意见：	
	（公章）
负责人：　　　　经办人：	审批日期：　　年　月　日

注：1.适用范围：涉及税务登记内容变更的，均应办理变更登记。

　　2.本表一式二份，一份税务机关留存，一份交纳税人。

3. 企业注销税务登记

2010 年 6 月，经股东大会研究决定解散公司，进行注销登记。请填写注销税务登记申请审批表，如表 3-4 所示。

表 3-4　注销税务登记申请审批表

注销税务登记申请审批表

纳税人识别号：□□□□□□□□□□□□□□□

纳税人名称：　　　　　　　是否双定户□　　　　　　　是否一般纳税人□

联系地址			联系电话	
注销原因				
批准机关	名　称			
	批准文号		批准日期	
迁入地税务机关代码			迁入地税务机关名称	
迁入地址				

法定代表人（负责人）：

纳税人（签章）：

办税人员：　　　　　　　　　　　填表日期：　　年　月　日

以 下 由 税 务 机 关 填 写

实际经营期限				已享受税收优惠	
税政部门清缴情况	意见：				
	负责人：　　　　经办人：　　　　　年　月　日				
发票管理环节缴销发票情况	序号	发票种类	发票代码	购领发票数量	已使用发票数量	起止号码

发票管理环节缴销发票情况	序号	发票种类	发票代码	购领发票数量	已使用发票数量	起止号码
	序号	证件名称	数　量	证 件 号 码		顺 序 号
	负责人：　　　经办人：　　　年　月　日					

稽查环节 清算情况	意见： 负责人：		经办人：		年 月 日		
征收环节结算 清算税款情况	意见： 负责人：		经办人：		年 月 日		
登记管理 环节审核 意 见	封存 证件 情况	序号	证件名称	数 量	证件号码		证件顺序号
	负责人：			经办人：		年 月 日	
序号	分支机构纳税人识别号		分支机构纳税人名称		注销情况		主管税务机关
批准 意见	审批结果： 主管税务机关： 审批人：					（公章） 审批日期： 年 月 日	

实训十二 发票管理及纳税资格鉴定

一、实训目的

通过本节实训，使学生学会办理普通发票和增值税专用发票的领购事项，熟知增值税一般纳税人资格认定、企业所得税征收方式鉴定及其他企业涉税前准备工作。

二、实训要求

1）准备领用普通发票、增值税专用发票所需提供的材料，填写普通发票领购簿申请审批表、领取增值税专用发票领购簿申请书、最高开票限额申请表；

2）准备企业申请增值税一般纳税人所需提供的材料，填写增值税一般纳税人申请认定表；

3）填写企业办税人员备案表和企业所得税征收方式鉴定表。

三、实训资料

（1）企业简介资料

企业名称：陕西爱家装饰材料有限公司

法定代表人：王鹏

财务负责人：周梅

成立时间：2005 年 03 月 01 日

税务登记证号：610198719754012

税务登记证副本数量：1 本

开户银行及账号：工行西安市朱雀路支行　3700019029000500578

企业地址及电话：西安市太白南路 171 号　029-85637788

经营范围：生产、加工木地板

增值税发票管理：装有防盗门窗的开具专用发票办公室 1 间，专门配备保险柜 1 个

办税人员和发票专管人员：赵红

地税管理代码：013181237

（2）企业税务准备实训资料

根据企业简介资料填写下列各表：

1）办税人员备案表，如表 3-5 所示；

表 3-5　办税人员备案表

办税人员备案表						
单位名称						（办税人员照片）
地　　址						
税务登记号		管 理 代 码				
法定代表人		财务负责人				
联 系 电 话		是否一般纳税人				
办税人姓名		性　　别			职务	
身份证号			文化程度			
家庭住址			联系电话			
专业资格证书名称			专业资格证书号码			
税务培训	培训日期		考试成绩		合格证书号	
兼职单位	名称			地址		
备注						

单位（盖章）：　　　　　　　　负责人：　　　　　　　　填表日期：

2）增值税一般纳税人申请认定表，如表3-6所示；

表3-6 增值税一般纳税人申请认定表

增值税一般纳税人申请认定表

纳税人识别号：□□□□□□□□□□□□□□□

纳税编号：□□□□□□

纳税人名称： 　　　　申请时间： 年 月 日

联系电话			增值税企业类别		是(否)新办企业
年度实际销售额或年度预计销售额	生产货物的销售额				
	加工、修理修配的销售额				
	批发、零售的销售额				
	应税销售额合计				
	固定资产规模				
会计财务核算状况	专业财务人员人数				
	设置账簿种类				
	能否准确核算进项税额、销项税额				
申请核发税务登记证副本数量			经批准核发数量		
管理环节意见： （公章） 负责人： 经办人： 　年 月 日	主管税务机关意见： （公章） 负责人： 经办人： 　年 月 日		上级税务机关： （公章） 负责人： 经办人： 　年 月 日		

3）普通发票领购簿申请审批表，如表3-7所示；

表3-7 普通发票领购簿申请审批表

普通发票领购簿申请审批表

纳税人名称：

纳税人识别号：□□□□□□□□□□□□

发 票 名 称	联 次	版 面	文字版	单位（本、份）	每月用量

申请理由：		
	申请人财务专用章或发票专用章印模	
办税人员　　　年　月　日		

以 下 由 税 务 机 关 填 写

发票名称	发票代码	联次	版面	文字版	单位（本、份）	每次限购数量

购票方式	

征收审批意见： 经办人：　　　　　（盖章） 负责人：　　　　年　月　日	县（市、区）税务机关审核意见： 　　　　　　　　　（盖章） 负责人：　　　　　年　月　日

4）增值税专用发票领购簿申请表，如表3-8所示；

表3-8 领取增值税专用发票领购簿申请表

领取增值税专用发票领购簿申请表

_____国家税务局：

我单位已于_____年_____月_____日被认定为增值税一般纳税人，纳税人识别号

_____，现申请购买增值税专用发票。

发 票 名 称	发 票 代 码	联次	每次领购最大数量
			本/份
			本/份
			本/份

为做好专用发票的领购工作，我单位特指定_____（身份证号：_____）和

_____（身份证号：_____）_____位同志为购票员。

我单位将建立健全专用发票管理制度，严格遵守有关专用发票领购、使用、保管的法律和法规。

法定代表人（负责人）（签章）：

申请单位（签章）

年　月　日

主管税务机关审核意见：

（公章）

年　月　日

县（市）级税务机关审核意见：

（公章）

年　月　日

注：本表一式三份，一份纳税人留存，各级税务机关留存一份。

5）纳税人票种核定表，如表3-9所示；

表 3-9 纳税人票种核定表

纳税人票种核定表

纳税人识别号				纳税人名称			
法定代表人		登记注册类型	增值税企业类型		认定类型		
一般纳税人资格	商贸企业规模			直接认定大中型企业	新办企业		
申请理由							
序号	发票经办人	证件类型		证件号码			
序号	发票名称	操作类型	每月最高购票数量（本数）	每次最高购票数量（本数）	纳税人最高持票数量（本数）	开具最大金额	购票方式	联次屏蔽标志
审批意见						审批意见	□同意 □不同意
序号	发票名称	操作类型	每月最高购票数量（本数）	每次最高购票数量（本数）	纳税人最高持票数量（本数）	开具最大金额	购票方式	联次屏蔽标志

税务机关接收人：　　　　　　　　　　　　　　　　　　　　填表人：

6）最高开票限额申请表，如表 3-10 所示；

表 3-10 最高开票限额申请表

最高开票限额申请表

申请事项（由企业填写）	企业名称		税务登记代码	
	地 址		联系电话	
	申请最高开票限额	□一亿元　　　　□一千万元　　　　□一百万元 □十万元　　　　□一万元　　　　　□一千元 （请在选择数额前的□内打"√"）		
	经办人（签字）： 　年　月　日		企业（印章）： 　年　月　日	
区县级税务机关意见	批准最高开票限额： 经办人（签字）：　　　　　批准人（签字）：　　　　　税务机关（印章） 　年　月　日　　　　　　　年　月　日　　　　　　　年　月　日			
地市级税务机关意见	批准最高开票限额： 经办人（签字）：　　　　　批准人（签字）：　　　　　税务机关（印章） 　年　月　日　　　　　　　年　月　日　　　　　　　年　月　日			
省级税务机关意见	批准最高开票限额： 经办人（签字）：　　　　　批准人（签字）：　　　　　税务机关（印章） 　年　月　日　　　　　　　年　月　日　　　　　　　年　月　日			

注：本申请表一式两联：第一联，申请企业留存；第二联，区（县）级税务机关留存。

7）企业所得税征收方式鉴定表，如表 3-11 所示。

表 3-11 企业所得税征收方式鉴定表

企业所得税征收方式鉴定表

纳税人识别号				
纳税人名称		营业执照发证日期		
纳税人地址		税务登记证发证日期		
经济类型		所属行业		
开户银行		账号		
邮政编码		联系电话		
上（本）年收入总额		上（本）年成本费用额		
上（本）年注册资本		上（本）固定资产总额		
上（本）年所得税额		上年征收方式		

行次	项目	纳税人自报情况	主管税务机关审核意见
1	账簿设置情况		
	账簿、凭证保存情况		
2	收入总额核算情况		
3	成本费用核算情况		
4	纳税义务履行情况		
5	申报纳税情况		

税务所（分局）意见： 核定企业征收方式： 查账征收☐　定额征收☐　定率征收☐ 核定所得额或应税所得率： 经办人： 负责人： 　　　　　　　年　月　日	税政部门意见： 核定企业征收方式： 查账征收☐　定额征收☐　定率征收☐ 核定所得额或应税所得率： 经办人： 负责人： 　　　　　　　年　月　日
纳税人意见： 　　　　　　　年　月　日	主管税务机关意见： 　　　　　　　年　月　日

第四章　增值税纳税申报

实训十三　小规模纳税人的纳税申报

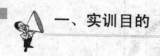

一、实训目的

通过模拟企业涉税业务，掌握增值税小规模纳税人的纳税申报程序和方法。

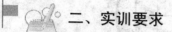

二、实训要求

根据所给模拟企业的涉税资料，填写增值税小规模纳税人申报表。

三、实训资料

（1）企业简介资料

企业名称：陕西华英实业有限公司

法定代表人：王宏强

财务负责人：陈宝珍

办税人员：李小梅

注册资本：100 万元整

成立时间：2009 年 02 月 20 日

税务登记证号：610138718755072

开户银行及账号：工行西安市长安路支行　3700019029000600769

企业地址及电话：西安市长安南路 136 号　029-82637788

（2）企业涉税资料

陕西华英实业有限公司 2009 年 6 月发生如下增值税涉税业务：

1）6 月 2 日，购进钢材一批，材料已验收入库，货款通过银行支付，原始凭证如表 4-1 所示；

表 4-1 购货发票

陕西省西安市工业普通发票

购货发票

发票代码：16101092133

发票号码：00448895

陕国税西字（09）工业三联

2009 年 06 月 02 日

品 名 规 格	单位	数量	单价	金　　　额								
				万	千	百	十	元	角	分		
桐材	千克	200	100	2	0	0	0	0	0	0		

购货单位（人）　名称　陕西华英实业有限公司　地址　西安市长安南路136号

合计（大写）　贰万零仟零佰零拾零元零角零分

销货单位　名称　陕西嘉洋装饰材料有限公司　纳税人识别号　610498719754012

地址　太白南路171号　电话　029-88637788

销货单位（章）

开票人：张峰彤

第二联 发票联

56

2）6月10日，购买木材一批，货款尚未支付，原始凭证如表4-2～表4-5所示。

表4-2 购货运输发票（发票联）

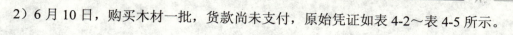

全国联运行业货运输统一发票（发票联）

发票代码 61150151107
发票号码 03051584

第一联 发票联 购货方记账凭证

开票日期	2009年06月10日
机打代号	61012520713
机打号码	12351056
机器编号	0011225

发货人名称	安康林业有限公司
纳税人识别号	6151014362379 85
收货人名称	陕西华英实业有限公司
纳税人识别号	61013871875072

发货站（港）	安康	到站	西安
货物名称	件数	计费重量	包装
木材	300		立方米

密码区
172312-4-256<1+45*53*/
181325><8189*69*09856*/
3<3*2702-9>9*156/0*8/4

运输费用	
项目及金额	
一、自备运输工具运输	
1. 公路运费	500.00
2. 水路运费	0.00
二、代付运输费	
1. 铁路运输	0.00
2. 公路运输	0.00
3. 水路运输	0.00
4. 航空运输	0.00
小计	500.00

其他费用	
项目及金额	
仓储费	0.00
包装整理费	0.00
装卸费	0.00
业务费	0.00
票签费	0.00
小计	0.00

垫付费用	
项目及金额	
保险费	0.00
邮寄费	0.00
小计	0.00

手写无效 26192123

合计人民币（大写）	贰仟元整
承办人名称	安康市运输公司
纳税人识别号	6151014313523 15

主管税务机关及代码

收款人：秘嗍

开票人：秘嗍

开票单位盖章

表4-3 购货运输发票（抵扣联）

全国联运行业货运统一发票

发票代码 61150152110 7
发票号码 03051584

第三联 抵扣联 购货方扣税凭证

开票日期 2009 年 06 月 10 日

机打代号	61012520713
机打号码	12351056
机器编号	0011225
发货人名称	安康林业有限公司
纳税人识别号	61510143623798 5
收货人名称	陕西华实业有限公司
纳税人识别号	610138718755072
发货站	安康	到站 西安
货物名称（港）	计费重量	包装

货物名称	件数	计费重量	包装
木材	300		立方米

密码区
172312-4-256<1+45*53* /
181325><8189*⟨⟩*09856* /
3<3*2702-9>9*156/0*8/4

运输费用	项目及金额	其他费用	项目及金额
一、自备运输工具运输			
1. 公路运费	500.00	仓储费	0.00
2. 水路运费	0.00	包装整理费	0.00
二、代付运输费		装卸费	0.00
1. 铁路运输	0.00	业务费	0.00
2. 公路运输	0.00	小计	
3. 水路运输	0.00		垫付费用 项目及金额
4. 航空运输	0.00	保险费	0.00
小计	500.00	邮寄费	0.00
		小计	
			26192123 手写无效

合计人民币（大写）贰仟元整

承办人名称 安康市运输公司
纳税人识别号 61510143135231 5

主管税务机关及代码

开票人：秘眀 收款人：秘眀

开票单位盖章

表 4-4 购料增值税专用发票（抵扣联）

陕西增值税专用发票

No.01307013

6101051176

抵扣联

开票日期：2009 年 06 月 10 日

购货单位	名 称：陕西华英实业有限公司
	纳税人识别号：61013871875072
	地 址、电 话：西安市长安南路 136 号 029-82637788
	开户行及账号：工行西安市长安路支行 37000190290000600769

密码区：>410+一*2>243**55+/ 加密版本 01
5+851-8>*4302<58>452 6101051176
262/48-90*01*334*2/<22 01307013
5-60564656-1+>//>1

货物或应税劳务名称	规格型号	单位	数量	单价	金额	税率	税额
木材		立方米	30	100.00	3000.00	13%	390
合计					￥3000.00		￥390.00

价税合计（大写）⊗万叁仟叁佰玖拾元整 （小写）￥3390.00

销货单位	名 称：安康林业有限公司
	纳税人识别号：61510143623798 5
	地 址、电 话：安康市城关大路 20 号 0915-2345547
	开户行及账号：建行安康城关支行 4220015980401058139

备注

收款人：××× 复核：××× 开票人：鸣倬 销货单位：（章）

61101362337985 陕西...林业有限公司 发票专用章

61

表4-5 购料增值税专用发票（发票联）

陕西增值税专用发票

（发票联）

6101051176

No.01307013

开票日期：2009 年 06 月 10 日

购货单位	名　　称：	陕西华英实业有限公司
	纳税人识别号：	61013871855072
	地　　址、电　话：	西安市长安南路 136 号　029-82637788
	开户行及账号：	工行西安市长安路支行 37000190290000060769

货物或应税劳务名称	规格型号	单位	数量	单价	金额	税率	税额
木材		立方米	30	100.00	3000.00	13%	390.00
合计					￥3000.00		￥390.00

密码区：
>410+一*2>243**55+/ 加密版本 01 6101051176
5+851－8>*4302<58>452 01307013
262/48－90*01*334*2/<22
5－60564656－1+>//>1

价税合计（大写）　⊗万叁仟叁佰玖拾元整　　（小写）￥3390.00

备注

销货单位	名　　称：	安康林业有限公司
	纳税人识别号：	61510143637985
	地　　址、电　话：	安康市城关路 20 号　0915-2345547
	开户行及账号：	建行安康城关支行 42200159804010581 39

收款人：×××　　复核：×××　　开票人：冯伟　　销货单位：（章）

3）6月30日，销售钢材、木材一批，货款尚未收回，原始凭证如表4-6所示。

表4-6 普通发票

陕西省西安市商业普通发票

陕国税西字（09）商业三联

发票代码：161010722151
发票号码：12919128

发 票 联

2009 年 06 月 30 日

购货单位(人)	名称	西安红枫装饰材料有限公司		地址	西安市太白南路 171 号								
品 名 规 格			单位	数量	单价	金 额							
						万	千	百	十	元	角	分	
木材			立方米	30	200		6	0	0	0	0	0	
钢材			千 克	200	250	5	0	0	0	0	0	0	
合计（大写）		伍万陆仟零佰零拾零元零角零分				5	6	0	0	0	0	0	
销货单位	名称	陕西华英实业有限公司		纳税人识别号	610138718755072								
	地址	西安市长安南路 136 号		电话	029-82637788								

开票人：李小梅

销货单位（章）

第一联 记账联

（3）纳税实训资料

根据企业简介及涉税资料，填写企业增值税纳税申报表，增值税纳税申报表如表 4-7 所示。

表 4-7　增值税纳税申报表

增值税纳税申报表（适用小规模纳税人）

纳税人识别号□□□□□□□□□□□□□□□□□

纳税人名称（公章）：　　　　　　　　　　　　　　　填表日期：　　年　　月　　日

税款所属期：　　年　　月　　日至　　年　　月　　日　　金额单位：元（列至角分）

	项目	栏次	本月数	本年累计
一、计税依据	（一）应征增值税货物及劳务不含税销售额	1		
	其中：税务机关代开的增值税专用发票不含税销售额	2		
	税控器具开具的普通发票不含税销售额	3		
	（二）销售使用过的应税固定资产不含税销售额	4		
	其中：税控器具开具的普通发票不含税销售额	5		
	（三）免税货物及劳务销售额	6		
	其中：税控器具开具的普通发票销售额	7		
	（四）出口免税货物销售额	8		
	其中：税控器具开具的普通发票销售额	9		
二、税款计算	本期应纳税额	10		
	本期应纳税额减征额	11		
	应纳税额合计	12=10－11		
	本期预缴税额	13		——
	本期应补（退）税额	14=12－13		——

纳税人或代理人声明：此纳税申报表是根据国家税收法律的规定填报的，我确定它是真实的、可靠的、完整的。	如纳税人填报，由纳税人填写以下各栏：	
	办税人员（签章）：	财务负责人（签章）：
	法定代表人（签章）：	联系电话：
	如委托代理人填报，由代理人填写以下各栏：	
	代理人名称：　　　　经办人（签章）：	联系电话：
	代理人（公章）：	

受理人：　　　　　　受理日期：　　年　月　日　　　　受理税务机关（签章）

实训十四　增值税一般纳税人的纳税申报

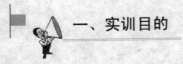 **一、实训目的**

通过实训掌握增值税一般纳税人的纳税申报流程和纳税申报方法。

二、实训要求

1）熟悉抄、报税流程，正确计算应缴纳的销项税额、可抵扣的进项税额；
2）准确填写增值税纳税申报表和附表资料。

三、实训资料

（1）模拟企业基本资料

企业名称：西安丝路服装有限公司
法定代表人：张培岩
注册资本：500万元
财务负责人：陈晨
企业登记注册类型：有限责任公司
地址及电话：西安市未央区未央路126号 029-86515880
开户行及账户：西安工商银行未央路支行 3700019029000511578
税务登记证号：610108777004276
增值税纳税资格：一般纳税人
所属行业：制造业
办税人员：林梅

（2）模拟企业抄税资料

西安丝路服装有限公司2009年1月份抄税资料如表4-8～表4-10所示。该企业本月没有开具普通发票，企业有关收入及增值税销项税额的账簿记录均与抄税资料相符。企业上期无留抵。

表4-8　专用发票汇总表

专用发票汇总表

制表日期：2009年02月01日
所属期间：1月第1期　1月
专用发票统计表：1-01
专用增值税发票汇总表（2009年1月）
纳税人登记号：610108777004276
企业名称：西安丝路服装有限公司
地址电话：西安市未央区未央路126号　029-86515880

★ 发票领用存情况 ★

期初库存份数　9	正数发票份数　3	负数发票份数　0
购进发票份数　0	正数废票份数　1	负数废票份数　0
退回发票份数　0	期末库存份数　6	

★ 销 项 情 况 ★

金额单位：元

序号	项目名称	合计	17%	13%	6%	4%	其他
1	销项正废金额	67521.37	67521.37	0.00	0.00	0.00	0.00
2	销项正数金额	196581.20	196581.20	0.00	0.00	0.00	0.00
3	销项负废金额	0.00	0.00	0.00	0.00	0.00	0.00
4	销项负数金额	0.00	0.00	0.00	0.00	0.00	0.00
5	实际销售金额	129059.83	129059.83	0.00	0.00	0.00	0.00
6	销项正废税额	11478.63	11478.63	0.00	0.00	0.00	0.00
7	销项正数税额	33418.80	33418.80	0.00	0.00	0.00	0.00
8	销项负废税额	0.00	0.00	0.00	0.00	0.00	0.00
9	销项负数税额	0.00	0.00	0.00	0.00	0.00	0.00
10	实际销项税额	21940.17	21940.17	0.00	0.00	0.00	0.00

表 4-9 专用发票明细表

专用发票明细表

制表日期：2009 年 02 月 01 日

专用发票统计表：1-02

正数发票清单（2009 年 1 月）

纳税人登记号：610108777004276

企业名称：西安丝路服装有限公司

地址电话：西安市未央区未央路 126 号　029-86515880

金额单位：元

序号	发票种类	类别代码	发票号码	开票日期	购方税号	合计金额/元	合计税额/元	税率
1	专用发票	6100092140	00948007	2009-01-04	610824783669018	61538.46	10461.54	17%
2	专用发票	6100092140	00948008	2009-01-04	610824783669018	67521.37	11478.63	17%

表 4-10 专用发票明细表

专用发票明细表

制表日期：2009 年 02 月 01 日

专用发票统计表：1-04

正数发票废票清单（2009 年 1 月）

纳税人登记号：610108777004276

企业名称：西安丝路服装有限公司

地址电话：西安市未央区未央路 126 号　029-86515880

金额单位：元

序号	发票种类	类别代码	发票号码	开票日期	购方税号	合计金额/元	合计税额/元	税率
1	专用发票	6100092140	00948006	2009-01-04	610824783669018	67521.37	11478.63	17%

（3）模拟企业防伪税控系统开具的增值税专用发票认证情况资料

2009年1月份防伪税控系统开具的增值税专用发票认证汇总表如表4-11所示。

表4-11　防伪税控系统开具的增值税专用发票认证汇总表

发票代码	发票号码	开票日期	金额/元	税额/元	销货方税号	认证日期
6100093140	00827413	2009-01-02	1752.14	297.86	610103755249269	2009-01-15
6100093140	00101133	2008-12-25	99145.29	16854.71	610113755267456	2009-01-15
4403101140	02504354	2009-01-05	3574.36	607.64	440301766386817	2009-01-15

（4）模拟企业运输发票认证资料

2009年1月通过认证的运输发票一张，如表4-12所示。

表4-12　通过认证的运输发票（抵扣联）

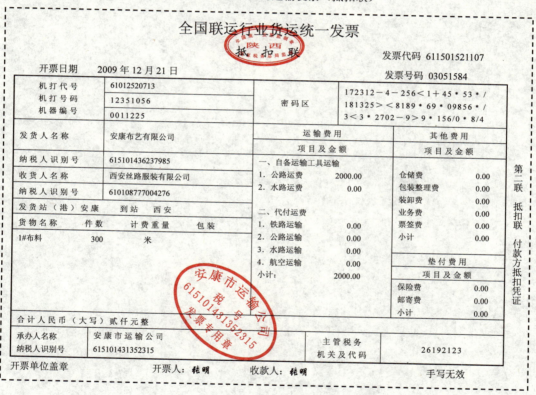

（5）模拟企业其他相关涉税资料

1）2009年1月6日缴纳上年应缴增值税30000元，原始凭证如表4-13所示；

表4-13 完税凭证

中华人民共和国
税收通用缴款书

(20082)陕国缴电 1675221

第一联 缴款单位作完税凭证

隶属关系：省级

注册类型：

填表日期：2009 年 01 月 06 日

征收机关：

缴款单位	代码	610108777004276		征收机关	编码	101010101
	全称	西安丝路服装有限公司			名称	增值税
	开户银行	西安工商银行未央路支行			级次	中央75% 省7.5% 县区17.5%
	账号	3700019029000511578			收缴国库	未央支库

税款所属时期：2008 年 12 月

税款限缴日期：2009 年 01 月 18 日

预算科目	品目名称	课税数量	计税金额或销售收入	税率或单位税额	已缴或扣除额	实缴金额
	销售收入		265,882.35	17%	15,200.00	30,000.00
金额合计（大写）人民币叁万元整						30,000.00

缴款单位（盖章）

征收机关（盖章）

上列款项已收受并划转国库
中国工商银行西安市未央路支行
2009.01.06

备注：上列款项不缴逾期按税法规定加收滞纳金

2）1月30号，仓库送来材料盘点报告单，如表4-14所示。

表4-14 材料盘点报告单

材料盘点报告单

材料名称	规格型号	单位	单价	账面	实存	损 失 数		损失原因
						数量	金额/元	
布 料	1#	米				100	3000.00	管理不慎丢失
进项税额								
合 计							3000.00	
审批意见				同意做公司损失处理。陈晨				

（6）模拟企业纳税申报实训

根据企业上述实训资料（1）～（5）填写增值税纳税申报表及附表资料，增值税纳税申报表及附表资料如表4-15～表4-18所示。

表4-15 增值税纳税申报表附列资料（表一）

增值税纳税申报表附列资料（表一）

（本期销售情况明细）

税款所属时间：年 月

纳税人名称：（公章） 填表日期：年 月 日 金额单位：元（列至角分）

一、按适用税率征收增值税货物及劳务的销售额和销项税明细

项 目	栏次	应税货物						应税劳务			小 计		
		17%税率			13%税率								
		份数	销售额	销项税额	份数	销售额	销项税额	份数	销售额	销项税额	份数	销售额	销项税额
防伪税控系统开具的增值税专用发票	1												
非防伪税控系统开具的增值税专用发票	2							—	—	—			
开具普通发票	3							—	—	—			
未开具发票	4							—	—	—			
小计	5=1+2+3+4												
纳税检查调整	6												
合计	7=5+6												

二、简易征收办法征收增值税货物的销售额和应纳税额明细

项 目	栏次	6%征收率			4%征收率			小 计		
		份数	销售额	应纳税额	份数	销售额	应纳税额	份数	销售额	应纳税额
防伪税控系统开具的增值税专用发票	8									
非防伪税控系统开具的增值税专用发票	9									

项　目	栏次	6%征收率			4%征收率			小计		
		份数	销售额	应纳税额	份数	销售额	应纳税额	份数	销售额	应纳税额
开具普通发票	10									
未开具发票	11	——			——			——		
小计	12=8+9+10+11	——			——			——		
纳税检查调整	13									
合计	14=12+13									
三、免征收增值税货物及劳务销售额明细										

项　目	栏次	免税货物			免税劳务			小计		
		份数	销售额	税额	份数	销售额	税额	份数	销售额	税额
防伪税控系统开具的增值税专用发票	15									
开具普通发票	16			——			——			——
未开具发票	17	——			——			——		
合计	18=15+16+17									

表 4-16　增值税纳税申报表附列资料（表二）

增值税纳税申报表附列资料（表二）
（本期进项税额明细）

税款所属时间：　　年　月

纳税人名称：（公章）　　　　　填表日期：年　月　日　　　　　　金额单位：元（列至角分）

一、申报抵扣的进项税额

项目	栏次	份数	金额	税额
（一）认证相符的防伪税控增值税专用发票	1			
其中：本期认证相符且本期申报抵扣	2			
前期认证相符且本期申报抵扣	3			
（二）非防伪税控增值税专用发票及其他扣税凭证	4			
其中：海关进口增值税专用缴款书	5			
农产品收购发票或者销售发票	6			
废旧物资发票	7			
运输费用结算单据	8			
6%征收率	9		——	——
4%征收率	10		——	——
（三）外贸企业进项税额抵扣证明	11			
当期申报抵扣进项税额合计	12			
二、进项税额转出额				

项目	栏次	税额
本期进项税转出额	13	
其中：免税货物用	14	

项目	栏次	税额
非应税项目用、集体福利、个人消费	15	
非正常损失	16	
按简易征收办法征税货物用	17	
免抵退税办法出口货物不得抵扣进项税额	18	
纳税检查调减进项税额	19	
未经认证已抵扣的进项税额	20	
红字专用发票通知单注明的进项税额	21	

三、待抵扣进项税额

项目	栏次	份数	金额	税额
（一）认证相符的防伪税控增值税专用发票	22	——		
期初已认证相符但未申报抵扣	23			
本期认证相符且本期未申报抵扣	24			
期末已认证相符但未申报抵扣	25			
其中：按照税法规定不允许抵扣	26			
（二）非防伪税控增值税专用发票及其他	27			
其中：海关进口增值税专用缴款书	28			
农产品收购发票或者销售发票	29			
废旧物资发票	30			
运输费用结算单据	31			
6%征收率	32	——		——
4%征收率	33	——		——
	34			

四、其他

项目	栏次	份数	金额	税额
本期认证相符的全部防伪税控增值税专用发票	35			
期初已征税款挂账额	36	——	——	
期初已征税款余额	37	——	——	
代扣代缴税额	38	——	——	

注：第1栏=第2栏+第3栏=第23栏+第35栏-第25栏；第2栏=第35栏-第24栏；第3栏=第23栏+第24栏-第25栏；第4栏=第5栏至第10栏；第12栏=第1栏+第4栏+第11栏；第13栏=第14栏至第21栏之和；第27栏=第28栏至第34栏之和。

表4-17　固定资产进项税额抵扣情况表

固定资产进项税额抵扣情况表

纳税人识别号：　　　　　　　　　　　纳税人名称（公章）：

填表日期：　　年　　月　　日　　　　　　　　　　　金额单位：元（列至角分）

项目	当期申报抵扣的固定资产进项税额	当期申报抵扣的固定资产进项税额累计
增值税专用发票		
海关进口增值税专用缴款书		
合　计		

注：本表一式二份，一份纳税人留存，一份主管税务机关留存

表4-18　增值税纳税申报表

增值税纳税申报表

（适用于增值税一般纳税人）

根据《中华人民共和国增值税暂行条例》第二十二条和第二十三条的规定制定本表。纳税人不论有无销售额，均应按主管税务机关核定的纳税期限按期填报本表，并于次月一日起十五日内，向当地税务机关申报。

税款所属时间：自　年　月　日至　年　月　日　　填表日期：　年　月　日　　金额单位：元（列至角分）

纳税人识别号 □□□□□□□□□□□□□□□　　所属行业

纳税人名称	（公章）	法定代表人姓名		注册地址		营业地址	
开户银行及账号		企业登记注册类型				电话号码	

	项目	栏次	一般货物及劳务		即征即退货物及劳务	
			本月数	本年累计	本月数	本年累计
销售额	（一）按适用税率征税货物及劳务销售额	1				
	其中：应税货物销售额	2				
	应税劳务销售额	3				
	纳税检查调整的销售额	4				
	（二）按简易征收办法征税货物销售额	5				
	其中：纳税检查调整的销售额	6				
	（三）免、抵、退办法出口货物销售额	7			——	——
	（四）免税货物及劳务销售额	8			——	——
	其中：免税货物销售额	9			——	——
	免税劳务销售额	10			——	——
税款计算	销项税额	11				
	进项税额	12				
	上期留抵税额	13				
	进项税额转出	14				
	免抵退货物应退税额	15			——	——
	按适用税率计算的纳税检查应补缴税额	16			——	——

续表

项目		栏次	一般货物及劳务		即征即退货物及劳务	
			本月数	本年累计	本月数	本年累计
税款计算	应抵扣税额合计	17＝12＋13－14－15＋16			——	——
	实际抵扣税额	18（如17＜11，则为17，否则为11）				
	应纳税额	19＝11－18				
	期末留抵税额	20＝17－18				
	简易征收办法计算的应纳税额	21				
	按简易征收办法计算的纳税检查应补缴税额	22			——	——
	应纳税额减征额	23				
	应纳税额合计	24＝19＋21－23				
税款缴纳	期初未缴税额（多缴为负数）	25				
	实收出口开具专用缴款书退税额	26			——	——
	本期已缴税额	27＝28＋29＋30＋31				
	①分次预缴税额	28			——	——
	②出口开具专用缴款书预缴税额	29			——	——
	③本期缴纳上期应纳税额	30				
	④本期缴纳欠缴税额	31				
	期末未缴税额（多缴为负数）	32＝24＋25＋26－27				
	其中：欠缴税额（≥0）	33＝25＋26－27			——	——
	本期应补（退）税额	34＝24－28－29			——	——
	即征即退实际退税额	35				
	期初未缴查补税额	36			——	——
	本期入库查补税额	37			——	——
	期末未缴查补税额	38＝16＋22＋36－37			——	——

授权声明	如果你已委托代理人申报，请填写下列资料： 为代理一切税务事宜，现授权 （地址） 为本纳税人的代理申报人，任何与本申报表有关的往来文件，都可寄予此人。 授权人签字：	申报人声明	此纳税申报表是根据《中华人民共和国增值税暂行条例》的规定填报的，我确定它是真实的、可靠的、完整的。 声明人签字：
收到日期：	接收人：		主管税务机关盖章：

第五章 消 费 税

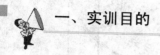

实训十五 消费税的纳税申报

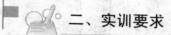

一、实训目的

熟悉征收消费税的项目；掌握消费税的纳税申报方法。

二、实训要求

1）计算委托加工物资的成本及应缴纳的消费税额；
2）计算模拟实训月份企业应缴的消费税额；
3）填写消费税纳税申报表。

三、实训资料

（1）企业基本情况

企业名称：黄河宝洁有限公司

法定代表人：王强

财务负责人：陈锦

办税人员：宋红梅

注册资本：100 万元

注册地址：东海市南坪街 458 号

经营范围：护肤品、护发品、美容化妆品的生产、销售

成立时间：2005 年 02 月 10 日

税务登记证号：280601002202344

开户银行及账号：工行东海支行 1800019027354600789

电话：0316-32378546

（2）企业消费税涉税业务资料

黄河宝洁有限公司 2009 年 3 月发生如下消费税涉税业务（该企业没有期初库存委托加工应税消费品，上期无应缴消费税税额，本期也未预缴消费税）：

1）3 月 5 日，销售自产化妆品面膜 1000 件，原始凭证如表 5-1 所示；

表 5-1　销售增值税专用发票

东海增值税专用发票

3300033140

No.22000001

记账联　销货方记账凭证　第三联

开票日期：2009 年 03 月 05 日

购货单位	名　　称：西安东方靓玉化妆品有限公司
	纳税人识别号：61012319702076
	地址、电话：西安市东方路 57 号
	开户行及账号：招商行西安市东方路支行 38000204800154432792

货物或应税劳务名称	规格型号	单位	数量	单价	金额	税率	税额
化妆品面膜		件	1000	300	300000.00	17%	51000.00
合计					¥300000.00		¥51000.00

价税合计（大写）⊗叁拾伍万壹仟元整 （小写）¥351000.00

密码区：
>2-1+一*2>145 * *68+/加密版本 01
4+581-1>*3401<85>254 3300033140
320/83-05*202*437*1/<24 22000001
6-50867651-2+>/>55

销货单位	名　　称：黄河宝洁有限公司
	纳税人识别号：2806010022000344
	地址、电话：东海市南坪街 458 号 0316-32378546
	开户行及账号：工行东海支行 18000190273546000789

备注

收款人：×××　　复核：×××　　开票人：零红梅　　销货单位：（章）

黄河宝洁有限公司
税　号
2806010022023 44
发票专用章

2）3月4日，给女职工发放化妆品，原始凭证如表5-2～表5-3所示；

表5-2 黄河宝洁公司化妆品领用表

黄河宝洁公司化妆品领用表

2009 年 03 月 04 日

部门	数量	领用人	备注
办公室	1	王英	
财务部	2	张明荃	
综合部	4	李颖	以部门为单位领取，凡本公司在职女工每人一盒
销售部	3	王树英	

批准人：李虎   制单人：赵红

表5-3 黄河宝洁公司化妆品发货单

黄河宝洁公司发货单

领料部门：工会   用途："三八"妇女节福利   2009 年 03 月 04 日

品名	单位	数量		销售单价	金额
		请领	实领		
化妆品面膜	盒	10	10	300.00	3000.00
备注					

负责人：   领料人：李慕尧   发料人：叶小明

3）3月6日委托倩雅日用化工有限公司加工一批化妆品香料，发出委托加工物资，原始凭证见表5-4；

表5-4 黄河宝洁公司发料单

黄河宝洁公司发料单

2009 年 03 月 06 日   字第 70 号

品名	规格型号	单位	数量		单价	金额
			请领	实领		
香料		千克	220	220	500.00	110000.00

负责人：张三   检验员：王越   记账：   保管员：王明

4）3月17日支付倩雅日用化工有限公司加工费，原始凭证如表5-5～表5-7所示；

表5-5 支付加工费的支票存根

中国工商银行
转账支票存根（东）

$\dfrac{B\ B}{0\ \ 2}$00105456

附加信息

_____

_____

_____

出票日期：2009 年 3 月 17 日

收款人：倩雅日用化工有限公司	
金　额：12870.00 元	
用　途：加工费	

单位主管：   会计：宋红梅

表 5-6 增值税专用发票（抵扣联）

东海增值税专用发票

抵 扣 联

增值税专用发票（抵扣联）

2800032112

No.28004861

开票日期：2009 年 03 月 17 日

| 购货单位 | 名 称：黄河宝洁有限公司
纳税人识别号：28060100220234
地 址、电 话：东海市南坪街 458 号 0316-32378546
开户行及账号：工行东海市支行 18000190273546007890 |

货物或应税劳务名称	规格型号	单位	数量	单价	金额	税率	税额
加工费		瓶	220	50.00	11000.00	17%	1870.00
合计					￥11000.00		￥1870.00

| 价税合计（大写） | ⊗ 壹万贰仟捌佰柒拾元整 | (小写) ￥12870.00 |

| 销货单位 | 名 称：倩雅日用化工有限公司
纳税人识别号：28060200229714
地 址、电 话：东海市曙光路 458 号 0316-31365488
开户行及账号：工行东海支行 18000190273545007800 | 备注 |

密码区：
>231＋一＊2<145＊＊68＋/ 加密版本 01
3＋581＋1>＊3401<85>254 2800032112
320/83-05＊202＊437＊1/<24 28004861
＊7-50867651-2＋>＊//>5

收款人：×××　　复核：×××　　开票人：束红梅　　销货单位：（章）

81

表 5-7 增值税专用发票（发票联）

东海增值税专用发票

发票联

No 28004861

开票日期: 2009 年 03 月 17 日

2800032112

购货单位	名　称: 黄河宝洁有限公司 纳税人识别号: 280601002202344 地　址、电话: 东海市南坪街 458 号　0316-32378546 开户行及账号: 工行东海市支行 18000190273546007890

货物或应税劳务名称	规格型号	单位	数量	单价	金额	税率	税额
加工费		瓶	220	50.00	11000.00	17%	1870.00
合计					￥11000.00		￥1870.00

密码区: >231＋一＊2<145＊＋68＋/ 加密版本 01
3＋581＋1>＊3401<85>254 2800032112
320/83－05＊202＊437＊1/<24　28004861
＊7－50867651－2＋>＊//>5

价税合计（大写）	⊗ 壹万贰仟捌佰捌拾元整	（小写）￥12870.00

销货单位	名　称: 倩雅日用化工有限公司 纳税人识别号: 28060200229740 地　址、电话: 东海市曙光路 458 号　0316-31365488 开户行及账号: 工行东海支行 18000190273545005780

备注

收款人: ×××　复核: ×××　开票人: 李红梅　销货单位（成章）

倩雅日用化工有限公司
税　号
28060200229740

83

5）3月17日计算并支付受托方代垫消费税税额，原始凭证如表5-8～表5-9所示；

表5-8 委托加工代垫消费税计算单

委托加工代垫消费税计算单

加工单位：倩雅日用化工有限公司

收料仓库：1号仓库　　　　2009年03月17日

材料编号	材料名称	规格	计量单位	数量	计算过程				
					材料成本	加工费	计税金额	税率%	税额
001	香料	1#	瓶	220				30	
备注									

审核：李虎　　　　　　　　　　　　　　　　制单：赵红

表5-9 支付委托加工代垫消费税的支票存根

中国工商银行
转账支票存根（东）

$\frac{B}{0}\frac{B}{2}$00105457

附加信息

_____

_____

_____

出票日期：2009年3月17日

收款人：倩雅日用化工有限公司
金　额：
用　途：消费税

单位主管：　　　　　　　会计：宋红梅

6）3 月 17 日，收回委托倩雅日用化工有限公司加工的香料并验收入库，原始凭证如表 5-10 所示；

表 5-10　委托加工收料单

<h1 align="center">委托加工收料单</h1>

材料科目：原材料　　　　　　　　　　　　　　收料仓库：1 号仓库

材料类别：原料及主要材料

加工单位：倩雅日用化工有限公司

2009 年 03 月 17 日

材料名称	计量单位	数量		实际成本			
		应收	实收	材料成本	加工费	运费	合计
香料	瓶	220	220				
合计	瓶	220	220				

记账：　　　　　　　收料：王明　　　　　　　制单：宋红梅

7）3 月 20 日，销售香水 200 瓶，款未收，原始凭证如表 5-11 所示；

表 5-11 增值税专用发票（记账联）

东海增值税专用发票

3300033142

No.22000005

开票日期：2009 年 03 月 20 日

| 购货单位 | 名 称：东海美达年有限责任公司
纳税人识别号：26080100175624-9
地 址、电 话：东海市中山路 118 号 0316-31068808
开户行及账号：工行东海分行 18020806260368320-8 | | | | |

密码区

```
>231+-*2>145**68+/ 加密版本 01
4+581-1>*3401<85>254 3300033142
320/83-05*202*437*1/<24 22000005
*6-50867651-2+>*//>5
```

货物或应税劳务名称	规格型号	单位	数量	单价	金额	税率	税额
香水		瓶	200	760	152000.00	17%	25840.00
合计					¥152000.00		¥25840.00

价税合计（大写）⊗壹拾柒万柒仟捌佰肆拾元整 （小写）¥177840.00

| 销货单位 | 名 称：黄河宝洁有限公司
纳税人识别号：28060100220234-4
地 址、电 话：东海市南坪街 458 号 0316-3237854-6
开户行及账号：工行东海市南坪街支行 37000190273545005-78 | 备注 |

收款人：××× 复核：××× 开票人：李红梅 销货单位（章）

8）根据业务 1）～7）计算本月应缴消费税额，计算表如表 5-12 所示。

表 5-12 消费税应纳税额计算表

消费税应纳税额计算表

	应税消费品名称	应税销售额	适用税率	本期消费税
本期消费税计算				
	小计			
	已税消费品名称	代扣代缴计税价	适用税率	本期扣除税额
可扣除税额				
	小计			
	税额		本月数	本年累计数
本期应纳税额	应纳税额			
	可扣除税额			
	应纳消费税额			

（3）企业消费税纳税申报实训

根据实训资料（1）和（2）填写消费税申报表及附表，相关报表如表 5-13 和表 5-14 所示。

表 5-13　其他应税消费品消费税纳税申报表

其他应税消费品消费税纳税申报表

税款所属期：　　　年　月　日至　　　年　月　日

纳税人名称（公章）：　　　　纳税人识别号□□□□□□□□□□□□□□□

填表日期：　　年　月　日　　　　　　　　　　金额单位：元（列至角分）

项目　应税消费品名称	适用税率	销售数量	销售额	应纳税额
合计	——		——	

本期准予抵减税额：

本期减（免）税额：

期初未缴税额：

本期缴纳前期应纳税额：

本期预缴税额：

本期应补（退）税额：

期末未缴税额：

声　明

此纳税申报表是根据国家税收法律的规定填报的，我确定它是真实的、可靠的、完整的。

经办人（签章）：

财务负责人（签章）：

联系电话：

（如果你已委托代理人申报，请填写）

授 权 声 明

为代理一切税务事宜，现授权＿＿＿＿＿＿＿＿＿＿（地址）为本纳税人的代理申报人，任何与本申报表有关的往来文件，都可寄予此人。

授权人签章：

以下由税务机关填写

受理人（签章）：　　　受理日期：　　年　月　日　受理税务机关（章）：

收银与纳税岗位实训

表 5-14　本期准予扣除税额计算表

本期准予扣除税额计算表

税款所属期：　　　　年　　月　　日至　　　　年　　月　　日

纳税人名称（公章）：　　　　　纳税人识别号 □□□□□□□□□□□□□□□□

填表日期：　　年　　月　　日　　　　　　　　　　金额单位：元（列至角分）

名称＼项目＼应税消费品		化妆品			合计
当期准予扣除的委托加工应税消费品已纳税款计算	期初库存委托加工应税消费品已纳税款				——
	当期收回委托加工应税消费品已纳税款				——
	期末库存委托加工应税消费品已纳税款				——
	当期准予扣除委托加工应税消费品已纳税款				
当期准予扣除的外购应税消费品已纳税款计算	期初库存外购应税消费品买价				
	当期购进应税消费品买价				
	期末库存外购应税消费品买价				——
	外购应税消费品适用税率				——
	当期准予扣除外购应税消费品已纳税款				
本期准予扣除税款合计					

90

第六章 营业税

实训十六 营业税的纳税申报

 一、实训目的

熟悉征收营业税的项目及适用税率，掌握营业税的纳税申报方法。

 二、实训要求

1）根据模拟企业业务资料计算应缴纳的营业税税额；
2）填写营业税纳税申报表。

 三、实训资料

（1）企业基本情况
企业名称：阳光酒店有限责任公司
法定代表人：王伟华
财务负责人：于成彪
办税人员：任媛媛
注册资本：1000 万元
注册地址：西安市环城西路北段 128 号
经营范围：住宿、餐饮、运输等
税务登记证号：610103755248298
开户银行及账号：工行西安市支行 3700019029000500578
电话：029-86615620
地税管理代码：013181268
（2）企业 2010 年 4 月业务资料
1）客房收入汇总表，如表 6-1 所示；

表 6-1   阳光酒店 2010 年 4 月份客房收入汇总表

阳光酒店有限责任公司客房收入汇总表

填表日期：2010 年 04 月 30 日   单位：元

日期	房间间数	应收客房收入	实收收入
1 日至 10 日	300	76000	76000
11 日至 20 日	285	45000	45000
21 日至 30 日	330	80000	80000
合　计		201000	201000

负责人：王伟华　　　　　　复核人：于成彪　　　　　　汇总人：任媛媛

2）餐饮收入汇总表，如表 6-2 所示；

表 6-2   阳光酒店 2010 年 4 月份餐饮收入汇总表

阳光酒店有限责任公司餐饮收入汇总表

填表日期：2010 年 04 月 30 日   单位：元

餐饮项目	应收收入	实收收入
菜品	105000	105000
酒水	84600	84600
合计	189600	189600

负责人：王伟华　　　　　　复核人：于成彪　　　　　　汇总人：任媛媛

3）运输部运输收入汇总表，如表 6-3 所示。

表 6-3   阳光酒店 2010 年 4 月份运输收入汇总表

阳光酒店有限责任公司运输收入汇总表

填表日期：2010 年 04 月 30 日   单位：元

收入项目	应收收入	实收收入
客　　运	30000	30000
货　　运	40000	40000
合　计	70000	70000

负责人：王伟华　　　　　　复核人：于成彪　　　　　　汇总人：任媛媛

（3）企业营业税纳税申报实训

根据资料（1）、（2）填写 2010 年 4 月营业税纳税申报资料，如表 6-4 所示。

表6-4 营业税纳税申报表(适用于查账征收的营业税纳税人)

营业税纳税税申报表(适用于查账征收的营业税纳税人)

纳税人识别号:

纳税人名称:(公章)

电脑代码:

税款所属时间: 自 年 月 日 至 年 月 日　填表日期: 年 月 日　金额单位: 元 (列至角分)

税目	行次	应税收入	营业额				应税减除项目金额	应税营业额	免税收入	税率%	本期税款计算					本期已缴税额				本期应缴税额计算		
			小计	前期多缴项目营业额冲减	事后审批减免	其他减免					小计	本期应纳税额	免(减)税额	期初欠缴税额	前期多缴税额	小计	已缴本期应纳税额	本期已被扣缴税额	本期已缴欠缴税额	小计	本期应缴税额	本期期末应缴欠缴税额
		1	2=3+4+5	3	4	5	6	7=1-6	8	9	10=11+12	11=7×9	12=8×9	13	14=2×9	15=16+17+18	16	17	18	19=20+21	20=11-14-16-17	21=13-18
交通运输业	1																					
建筑业	2																					
邮电通讯业	3																					
服务业	4																					
娱乐业 5%税率	5																					
娱乐业 10%税率	6																					
娱乐业 20%税率	7																					
金融保险业	8																					
文化体育业	9																					
销售不动产	10																					
转让无形资产	11																					
	12																					
	13																					
合计	14																					
代扣代缴项目	15																					
	16																					
总计	17																					

纳税人或代理人声明:

此纳税申报表是根据国家税收法律的规定填报的,我确定它是真实的、可靠的、完整的。

纳税人或代理人(签章):　　　如纳税人填报,由纳税人填写以下各栏:

办税人员(签章):　　　财务负责人(签章):　　　法定代表人(签章):

如委托代理人填报,由代理人填写以下各栏:

代理人名称:　　　经办人(签章):　　　代理人(公章):

联系电话:　　　联系电话:

受理日期: 年 月 日　　　受理税务机关(签章):

以下由税务机关填写:

受理人:

本表为A3横式,一式三份,一份纳税人留存,一份主管税务机关留存,一份征收部门留存。

第七章 企业所得税

实训十七 企业所得税的纳税申报

 一、实训目的

掌握企业所得税的计算、申报流程和方法。

 二、实训要求

1）按季度计算预缴企业所得税，填写企业所得税季度预缴纳税申报表；
2）计算企业年度应纳所得额及应纳所得税额，填写企业所得税年度纳税申报表。

 三、实训资料

（1）企业基本情况
企业名称：绿源宝洁有限公司
法定代表人：王小宝
财务负责人：刘瑞
办税人员：齐小明
注册资本：5000 万元
注册地址：东海市南坪街 789 号
经营范围：护肤品、护发品、美容化妆品的生产、销售
成立时间：2005 年 02 月 10 日
税务登记证号：280601002203549
开户银行及账号：工行东海支行　1800019027354601298
电话：0316-32378889
职工人数：1000 人
绿源宝洁有限公司为增值税一般纳税人，企业所得税实行按年计算，分季据实预缴的办法。该企业以前年度无亏损。
（2）企业 2009 年 1 季度（1~3 月份）损益类账户的相关资料：相关资料如表 7-1 所示。

表 7-1 绿源宝洁公司 1～3 月份损益类账户本期发生额

	绿源宝洁公司 1～3 月份损益类账户本期发生额		单位：元
行次	账户名称	1～3 月累计借方发生额	1～3 月累计贷方发生额
1	主营业务收入		670000.00
2	投资收益（国债利息收入）		10000.00
3	营业外收入		20000.00
4	主营业务成本	340000.00	
5	销售费用	100000.00	
6	管理费用（其中业务招待费 15000.00）	80000.00	
7	财务费用	20000.00	
8	营业税金及附加	12000.00	
9	资产减值损失	10000.00	
10	营业外支出（其中行政罚款 10000.00）	15000.00	
合计		577000.00	700000.00

（3）企业 2009 年 1～12 月份损益类账户的相关资料：如表 7-2 所示。

表 7-2 绿源宝洁公司 1～12 月份损益类账户发生额

	绿源宝洁公司 1～12 月份损益类账户发生额		单位：元
行次	账户名称	1～12 月累计借方发生额	1～12 月累计贷方发生额
1	主营业务收入（销售货物收入）		6725000.00
2	投资收益（国债利息收入）		40000.00
3	营业外收入（处置固定资产净收益，与税法口径一致）		200000.00
4	主营业务成本（销售货物成本）	4950000.00	
5	销售费用	1000000.00	
6	管理费用（其中业务招待费 58000.00；广告费 120000.00 元；新技术的研究费用 80000.00 元；房屋折旧 21500 元与税法口径一致）	400000.00	
7	财务费用	200000.00	
8	营业税金及附加	30000.00	
9	资产减值损失（计提的存货跌价准备）	150000.00	
10	营业外支出（其中行政罚款 10000.00，非公益性捐赠 10000.00，赞助费 20000.00，经济合同违约赔款 10000.00）	50000.00	
合计		6780000.00	6965000.00

（4）企业纳税申报实训

1）根据实训资料（1）和（2），填写企业所得税季度预缴纳税申报表，所得税季度预缴纳税申报表如表 7-3 所示；

表 7-3　企业所得税月（季）度预缴纳税申报表（A 类）

企业所得税月（季）度预缴纳税申报表（A 类）

税款所属期间：　　年　月　日至　年　月　日

纳税人识别号：□□□□□□□□□□□□□□□

纳税人名称：　　　　　　　　　　　　　　金额单位：人民币元（列至角分）

行次	项　目		本期金额	累计金额
1	一、据实预缴			
2	营业收入			
3	营业成本			
4	利润总额			
5	税率（25%）			
6	应纳所得税额（4 行×5 行）			
7	减免所得税额			
8	实际已缴所得税额			
9	应补（退）的所得税额（6 行－7 行－8 行）			
10	二、按照上一纳税年度应纳税所得额的平均额预缴			
11	上一纳税年度应纳税所得额			
12	本月（季）应纳税所得额（11 行÷12 或 11 行÷4）			
13	税率（25%）			
14	本月（季）应纳所得税额（12 行×13 行）			
15	三、按照税务机关确定的其他方法预缴			
16	本月（季）确定预缴的所得税额			
17	总分机构不在同一地的纳税人			
18	总机构	总机构应分摊的所得税额（9 行或 14 行或 16 行×25%）		
19		中央财政集中分配的所得税额（9 行或 14 行或 16 行×25%）		
20		分支机构分摊的所得税额（9 行或 14 行或 16 行×50%）		
21	分支机构	分配比例		
22		分配的所得税额（20 行×21 行）		

谨声明：此纳税申报表是根据《中华人民共和国企业所得税法》、《中华人民共和国企业所得税法实施条例》和国家有关税收规定填报的，是真实的、可靠的、完整的。

法定代表人（签字）：　　年 月 日

纳税人公章： 会计主管： 填表日期：　年 月 日	代理申报中介机构公章： 经办人： 经办人执业证件号码： 代理申报日期：　年 月 日	主管税务机关受理专用章： 受理人： 受理日期：　年 月 日
国家税务总局监制		

2）根据实训资料（1）和（3），填写企业所得税年度纳税申报表及附表资料，所得税年度申报表及附报资料如表7-4～表7-15所示。

表7-4　中华人民共和国企业所得税年度纳税申报表（A类）

中华人民共和国企业所得税年度纳税申报表（A类）

税款所属期间：　　年　　月　　日至　　年　　月　　日

纳税人识别号：☐☐☐☐☐☐☐☐☐☐☐☐☐☐☐

纳税人名称：　　　　　　　　　　　　　　金额单位：人民币元（列至角分）

类别	行次	项　目	金　额
利润总额计算	1	一、营业收入（填附表一）	
	2	减：营业成本（填附表二）	
	3	营业税金及附加	
	4	销售费用（填附表二）	
	5	管理费用（填附表二）	
	6	财务费用（填附表二）	
	7	资产减值损失	
	8	加：公允价值变动收益	
	9	投资收益	
	10	二、营业利润	
	11	加：营业外收入（填附表一）	
	12	减：营业外支出（填附表二）	
	13	三、利润总额（10＋11－12）	
应纳税所得额计算	14	加：纳税调整增加额（填附表三）	
	15	减：纳税调整减少额（填附表三）	
	16	其中：不征税收入	
	17	免税收入	
	18	减计收入	
	19	减、免税项目所得	
	20	加计扣除	
	21	抵扣应纳税所得额	
	22	加：境外应税所得弥补境内亏损	
	23	纳税调整后所得（13＋14－15＋22）	
	24	减：弥补以前年度亏损（填附表四）	
	25	应纳税所得额（23－24）	
应纳税额计算	26	税率（25%）	
	27	应纳所得税额（25×26）	
	28	减：减免所得税额（填附表五）	
	29	减：抵免所得税额（填附表五）	
	30	应纳税额（27－28－29）	
	31	加：境外所得应纳所得税额（填附表六）	
	32	减：境外所得抵免所得税额（填附表六）	
	33	实际应纳所得税额（30＋31－32）	
	34	减：本年累计实际已预缴的所得税额	
	35	其中：汇总纳税的总机构分摊预缴的税额	

续表

类别	行次	项 目	金 额
应纳税额计算	36	汇总纳税的总机构财政调库预缴的税额	
	37	汇总纳税的总机构所属分支机构分摊的预缴税额	
	38	合并纳税（母子体制）成员企业就地预缴比例	
	39	合并纳税企业就地预缴的所得税额	
	40	本年应补（退）的所得税额（33－34）	
附列资料	41	以前年度多缴的所得税额在本年抵减额	
	42	以前年度应缴未缴在本年入库所得税额	
纳税人公章：		代理申报中介机构公章：	主管税务机关受理专用章：
经办人：		经办人及执业证件号码：	受理人：
申报日期： 年 月 日		代理申报日期： 年 月 日	受理日期： 年 月 日

表 7-5　企业所得税年度纳税申报表附表一

企业所得税年度纳税申报表附表一
收入明细表

填报时间：年　月　日　　　　　　　　　　　　　　　金额单位：元（列至角分）

行次	项 目	金 额
1	一、销售（营业）收入合计（2＋13）	
2	（一）营业收入合计（3＋8）	
3	1．主营业务收入（4＋5＋6＋7）	
4	（1）销售货物	
5	（2）提供劳务	
6	（3）让渡资产使用权	
7	（4）建造合同	
8	2．其他业务收入（9＋10＋11＋12）	
9	（1）材料销售收入	
10	（2）代购代销手续费收入	
11	（3）包装物出租收入	
12	（4）其他	
13	（二）视同销售收入（14＋15＋16）	
14	（1）非货币性交易视同销售收入	
15	（2）货物、财产、劳务视同销售收入	
16	（3）其他视同销售收入	
17	二、营业外收入（18＋19＋20＋21＋22＋23＋24＋25＋26）	
18	1．固定资产盘盈	
19	2．处置固定资产净收益	
20	3．非货币性资产交易收益	

行次	项　　目	金　额
21	4. 出售无形资产收益	
22	5. 罚款净收入	
23	6. 债务重组收益	
24	7. 政府补助收入	
25	8. 捐赠收入	
26	9. 其他	
经办人（签章）:		法定代表人（签章）:

表7-6　企业所得税年度纳税申报表附表二

企业所得税年度纳税申报表附表二

成本费用明细表

填报时间：　年　月　日　　　　　　　　　　　　　　　　金额单位：元（列至角分）

行次	项　　目	金　　额
1	一、销售（营业）成本合计（2＋7＋12）	
2	（一）主营业务成本（3＋4＋5＋6）	
3	（1）销售货物成本	
4	（2）提供劳务成本	
5	（3）让渡资产使用权成本	
6	（4）建造合同成本	
7	（二）其他业务成本（8＋9＋10＋11）	
8	（1）材料销售成本	
9	（2）代购代销费用	
10	（3）包装物出租成本	
11	（4）其他	
12	（三）视同销售成本（13＋14＋15）	
13	（1）非货币性交易视同销售成本	
14	（2）货物、财产、劳务视同销售成本	
15	（3）其他视同销售成本	
16	二、营业外支出（17＋18＋…＋24）	
17	1. 固定资产盘亏	
18	2. 处置固定资产净损失	
19	3. 出售无形资产损失	
20	4. 债务重组损失	
21	5. 罚款支出	
22	6. 非常损失	
23	7. 捐赠支出	

续表

行次	项　目	金　额
24	8. 其他	
25	三、期间费用（26＋27＋28）	
26	1. 销售（营业）费用	
27	2. 管理费用	
28	3. 财务费用	

经办人（签章）：　　　　　　　　　　　　法定代表人（签章）：

表 7-7　企业所得税年度纳税申报表附表三

企业所得税年度纳税申报表附表三

纳税调整项目明细表

填报时间：　　年　月　日　　　　　　　　　　　　　　　金额单位：元（列至角分）

	行次	项　目	账载金额	税收金额	调增金额	调减金额
			1	2	3	4
	1	一、收入类调整项目	＊	＊		
	2	1. 视同销售收入（填写附表一）	＊	＊		＊
＃	3	2. 接受捐赠收入	＊			＊
	4	3. 不符合税收规定的销售折扣和折让				＊
＊	5	4. 未按权责发生制原则确认的收入				
＊	6	5. 按权益法核算长期股权投资对初始投资成本调整确认收益	＊	＊	＊	
	7	6. 按权益法核算的长期股权投资持有期间的投资损益	＊			
＊	8	7. 特殊重组				
＊	9	8. 一般重组				
＊	10	9. 公允价值变动净收益（填写附表七）	＊	＊		
	11	10. 确认为递延收益的政府补助				
	12	11. 境外应税所得（填写附表六）	＊	＊	＊	
	13	12. 不允许扣除的境外投资损失	＊	＊		＊
	14	13. 不征税收入（填附表一[3]）	＊	＊	＊	
	15	14. 免税收入（填附表五）	＊	＊	＊	
	16	15. 减计收入（填附表五）	＊	＊	＊	
	17	16. 减、免税项目所得（填附表五）	＊	＊	＊	
	18	17. 抵扣应纳税所得额（填附表五）	＊	＊	＊	
	19	18. 其他				
	20	二、扣除类调整项目	＊	＊		
	21	1. 视同销售成本（填写附表二）	＊	＊	＊	
	22	2. 工资薪金支出				
	23	3. 职工福利费支出				
	24	4. 职工教育经费支出				

续表

行次	项　　目	账载金额	税收金额	调增金额	调减金额
		1	2	3	4
25	5. 工会经费支出				
26	6. 业务招待费支出		*		
27	7. 广告费和业务宣传费支出（填写附表八）	*	*		
28	8. 捐赠支出				*
29	9. 利息支出				
30	10. 住房公积金				*
31	11. 罚金、罚款和被没收财物的损失		*		*
32	12. 税收滞纳金		*		*
33	13. 赞助支出		*		*
34	14. 各类基本社会保障性缴款				
35	15. 补充养老保险、补充医疗保险				
36	16. 与未实现融资收益相关在当期确认的财务费用				
37	17. 与取得收入无关的支出		*		*
38	18. 不征税收入用于支出所形成的费用		*		*
39	19. 加计扣除（填附表五）	*	*	*	
40	20. 其他				
41	三、资产类调整项目	*	*		
42	1. 财产损失				
43	2. 固定资产折旧（填写附表九）	*	*		
44	3. 生产性生物资产折旧（填写附表九）	*	*		
45	4. 长期待摊费用的摊销（填写附表九）	*	*		
46	5. 无形资产摊销（填写附表九）	*	*		
47	6. 投资转让、处置所得（填写附表十一）	*	*		
48	7. 油气勘探投资（填写附表九）	*	*		
49	8. 油气开发投资（填写附表九）	*	*		
50	9. 其他				
51	四、准备金调整项目（填写附表十）	*	*		
52	五、房地产企业预售收入计算的预计利润	*	*		
53	六、特别纳税调整应税所得	*	*		*
54	七、其他	*	*		
55	合　　计	*	*		

注：1. 标有*的行次为执行新会计准则的企业填列，标有#的行次为除执行新会计准则以外的企业填列。

2. 没有标注的行次，无论执行何种会计核算办法，有差异就填报相应行次，填*号不可填列

3. 有二级附表的项目只填调增、调减金额，账载金额、税收金额不再填写。

经办人（签章）：　　　　　　　　　　　法定代表人（签章）：

表 7-8　企业所得税年度纳税申报表附表四

企业所得税年度纳税申报表附表四
企业所得税弥补亏损明细表

填报时间：　年　月　日　　　　　　　　　　　　　　　　　　　金额单位：元（列至角分）

行次	项目	年度	盈利额或亏损额	合并分立企业转入可弥补亏损额	当年可弥补的所得额	以前年度亏损弥补额					本年度实际弥补的以前年度亏损额	可结转以后年度弥补的亏损额
						前四年度	前三年度	前二年度	前一年度	合计		
		1	2	3	4	5	6	7	8	9	10	11
1	第一年											*
2	第二年					*						
3	第三年					*	*					
4	第四年					*	*	*				
5	第五年					*	*	*				
6	本年					*	*	*	*	*		
7	可结转以后年度弥补的亏损额合计											

经办人（签章）：　　　　　　　　　　　　　　　　　　法定代表人（签章）

表 7-9　企业所得税年度纳税申报表附表五

企业所得税年度纳税申报表附表五
税收优惠明细表

填报时间：　年　月　日　　　　　　　　　　　　　　　　　　　金额单位：元（列至角分）

行次	项目	金额
1	一、免税收入（2+3+4+5）	
2	1. 国债利息收入	
3	2. 符合条件的居民企业之间的股息、红利等权益性投资收益	
4	3. 符合条件的非营利组织的收入	
5	4. 其他	
6	二、减计收入（7+8）	
7	1. 企业综合利用资源，生产符合国家产业政策规定的产品所取得的收入	
8	2. 其他	
9	三、加计扣除额合计（10+11+12+13）	
10	1. 开发新技术、新产品、新工艺发生的研究开发费用	
11	2. 安置残疾人员所支付的工资	
12	3. 国家鼓励安置的其他就业人员支付的工资	
13	4. 其他	
14	四、减免所得额合计（15+25+29+30+31+32）	
15	（一）免税所得（16+17+…+24）	
16	1. 蔬菜、谷物、薯类、油料、豆类、棉花、麻类、糖料、水果、坚果的种植	

续表

行次	项　　目	金　　额
17	2．农作物新品种的选育	
18	3．中药材的种植	
19	4．林木的培育和种植	
20	5．牲畜、家禽的饲养	
21	6．林产品的采集	
22	7．灌溉、农产品初加工、兽医、农技推广、农机作业和维修等农、林、牧、渔服务业项目	
23	8．远洋捕捞	
24	9．其他	
25	（二）减税所得（26＋27＋28）	
26	1．花卉、茶以及其他饮料作物和香料作物的种植	
27	2．海水养殖、内陆养殖	
28	3．其他	
29	（三）从事国家重点扶持的公共基础设施项目投资经营的所得	
30	（四）从事符合条件的环境保护、节能节水项目的所得	
31	（五）符合条件的技术转让所得	
32	（六）其他	
33	五、减免税合计（34＋35＋36＋37＋38）	
34	（一）符合条件的小型微利企业	
35	（二）国家需要重点扶持的高新技术企业	
36	（三）民族自治地方的企业应缴纳的企业所得税中属于地方分享的部分	
37	（四）过渡期税收优惠	
38	（五）其他	
39	六、创业投资企业抵扣的应纳税所得额	
40	七、抵免所得税额合计（41＋42＋43＋44）	
41	（一）企业购置用于环境保护专用设备的投资额抵免的税额	
42	（二）企业购置用于节能节水专用设备的投资额抵免的税额	
43	（三）企业购置用于安全生产专用设备的投资额抵免的税额	
44	（四）其他	
45	企业从业人数（全年平均人数）	
46	资产总额（全年平均数）	
47	所属行业（工业企业　其他企业）	

经办人（签章）：　　　　　　　　　　　法定代表人（签章）：

表 7-10　企业所得税年度纳税申报表附表六

企业所得税年度纳税申报表附表六
境外所得税抵免计算明细表

填报时间：　年　月　日　　　　　　　　　　　　　　　　　　　　　　　　金额单位：元（列至角分）

抵免方式	国家或地区	境外所得	境外所得换算含税所得	弥补以前年度亏损	免税所得	弥补亏损前境外应税所得额	可弥补境内亏损	境外应纳税所得额	税率	境外所得应纳税额	境外所得可抵免税额	境外所得税款抵免限额	本年可抵免的境外所得税款	未超过境外所得税款抵免限额的余额	本年可抵免以前年度所得税额	前五年境外所得已缴税款未抵免余额	定率抵免
	1	2	3	4	5	6（3-4-5）	7	8（6-7）	9	10（8×9）	11	12	13	14（12-13）	15	16	17
直接抵免																	
间接抵免				*	*									*	*	*	
				*	*									*	*	*	
				*	*									*	*	*	
				*	*									*	*	*	
	合计																

经办人（签章）：　　　　　　　　　　　　　　　　　　法定代表人（签章）：

表 7-11　企业所得税年度纳税申报表附表七

企业所得税年度纳税申报表附表七
以公允价值计量资产纳税调整表

填报时间：　年　月　日　　　　　　　　　　　　　　　金额单位：元（列至角分）

行次	资产种类	期初金额		期末金额		纳税调整额（纳税调减以"-"表示）
		账载金额（公允价值）	计税基础	账载金额（公允价值）	计税基础	
		1	2	3	4	5
1	一、公允价值计量且其变动计入当期损益的金融资产					
2	1．交易性金融资产					
3	2．衍生金融工具					
4	3．其他以公允价值计量的金融资产					
5	二、公允价值计量且其变动计入当期损益的金融负债					
6	1．交易性金融负债					
7	2．衍生金融工具					
8	3．其他以公允价值计量的金融负债					
9	三、投资性房地产					
10	合　计					

经办人（签章）：　　　　　　　　　　　　　　法定代表人（签章）：

表7-12　企业所得税年度纳税申报表附表八

企业所得税年度纳税申报表附表八

广告费和业务宣传费跨年度纳税调整表

填报时间　　年　月　日　　　　　　　　　　　金额单位：元（列至角分）

行次	项　　目	金　额
1	本年度广告费和业务宣传费支出	
2	其中：不允许扣除的广告费和业务宣传费支出	
3	本年度符合条件的广告费和业务宣传费支出（1－2）	
4	本年计算广告费和业务宣传费扣除限额的销售（营业）收入	
5	税收规定的扣除率	
6	本年广告费和业务宣传费扣除限额（4×5）	
7	本年广告费和业务宣传费支出纳税调整额（3≤6，本行＝2行；3＞6，本行＝1－6）	
8	本年结转以后年度扣除额（3＞6，本行＝3－6；3≤6，本行＝0）	
9	加：以前年度累计结转扣除额	
10	减：本年扣除的以前年度结转额	
11	累计结转以后年度扣除额（8＋9－10）	

经办人（签章）：　　　　　　　　　　　　法定代表人（签章）：

表7-13　企业所得税申报表附表九

企业所得税年度纳税申报表附表九

资产折旧、摊销纳税调整明细表

填报日期：　年　月　日　　　　　　　　　金额单位：元（列至角分）

行次	资产类别	资产原值		折旧、摊销年限		本期折旧、摊销额		纳税调整额
		账载金额	计税基础	会计	税收	会计	税收	
		1	2	3	4	5	6	7
1	一、固定资产			*	*			
2	1. 房屋建筑物							
3	2. 飞机、火车、轮船、机器、机械和其他生产设备							
4	3. 与生产经营有关的器具工具家具							
5	4. 飞机、火车、轮船以外的运输工具							
6	5. 电子设备							
7	二、生产性生物资产			*	*			
8	1. 林木类							
9	2. 畜类							
10	三、长期待摊费用			*	*			
11	1. 已足额提取折旧的固定资产的改建支出							

行次	资产类别	资产原值		折旧、摊销年限		本期折旧、摊销额		纳税调整额
		账载金额	计税基础	会计	税收	会计	税收	
		1	2	3	4	5	6	7
12	2. 租入固定资产的改建支出							
13	3. 固定资产大修理支出							
14	4. 其他长期待摊费用							
15	四、无形资产							
16	五、油气勘探投资							
17	六、油气开发投资							
18	合　计			*	*			

经办人（签章）：　　　　　　　　　　　　　　　　　　　　　法定代表人（签章）：

表 7-14　企业所得税年度纳税申报表附表十

企业所得税年度纳税申报表附表十
资产减值准备项目调整明细表

填报日期：　年　月　日　　　　　　　　　　　　　　　　　金额单位：元（列至角分）

行次	准备金类别	期初余额	本期转回额	本期计提额	期末余额	纳税调整额
		1	2	3	4	5
1	坏（呆）账准备					
2	存货跌价准备					
3	*其中：消耗性生物资产减值准备					
4	*持有至到期投资减值准备					
5	*可供出售金融资产减值					
6	#短期投资跌价准备					
7	长期股权投资减值准备					
8	*投资性房地产减值准备					
9	固定资产减值准备					
10	在建工程（工程物资）减值准备					
11	*生产性生物资产减值准备					
12	无形资产减值准备					
13	商誉减值准备					
14	贷款损失准备					
15	矿区权益减值					
16	其他					
17	合计					

注：表中*项目为执行新会计准则企业专用；表中加#项目为执行企业会计制度、小企业会计制度的企业专用。

经办人（签章）：　　　　　　　　　　　　　　　　　　　　　法定代表人（签章）：

表 7-15 企业所得税年度纳税申报表附表十一

企业所得税年度纳税申报表附表十一
长期股权投资所得（损失）明细表

填报时间：　年　月　日

金额单位：元（列至角分）

行次	被投资企业	期初投资额	本年度增（减）投资额	投资成本		会计核算投资收益	会计投资损益	税收确认的股息红利		会计与税收的差异	投资转让所得（损失）					
				初始投资成本	权益法核算对初始投资成本调整产生的收益			免税收入	全额征税收入		投资转让净收入	投资转让的会计成本	投资转让的税收成本	会计上确认的转让所得或损失	按税收计算的投资转让所得或损失	会计与税收收入的差异
	1	2	3	4	5	6(7+14)	7	8	9	10(7-8-9)	11	12	13	14(11-12)	15(11-13)	16(14-15)
1																
2																
3																
4																
5																
6																
7																
8																
合计																

投资损失补充资料

行次	项目	年度	当年度结转金额	已弥补金额	本年度弥补金额	结转以后年度待弥补金额
1	第一年					
2	第二年					
3	第三年					
4	第四年					
5	第五年					

以前年度结转在本年度税前扣除的股权投资转让损失

经办人（签章）:

备注:

法定代表人（签章）:

第八章　个人所得税

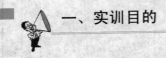

实训十八　个人所得税的纳税申报

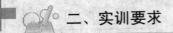

一、实训目的

准确计算工资、薪金等个人收入应代扣代缴的应纳所得税额；学会个人所得税纳税申报表的填写方法。

二、实训要求

1）根据模拟资料，计算企业应代扣代缴的个人所得税及实发工资；

2）填写扣缴个人所得税报告。

三、实训资料

（1）企业基本情况

企业名称：绿源宝洁有限公司

法定代表人：王小宝

财务负责人：刘瑞

办税人员：齐小明

注册资本：5000 万元

注册地址：东海市南坪街 789 号

经营范围：护肤品、护发品、美容化妆品的生产、销售

成立时间：2005 年 02 月 10 日

税务登记证号：280601002203549

开户银行及账号：工行东海支行　1800019027354601298

电话：0316-32378889

职工人数：1000 人

地税管理代码：013081248

（2）企业员工工资资料

绿源宝洁有限公司 2009 年 7 月份应缴纳个人所得税员工的工资表如表 8-1 所示。计算 7 月份因工资薪金而涉税的员工应缴纳的个人所得税，并将应代扣代缴税额及实发工资额填入表中对应的栏目内。

表 8-1 2009 年 7 月份工资结算汇总表

2009 年 7 月份工资结算汇总表

部门	姓名	应发工资	代扣款项			税前工资	个人所得税	实发工资	备注
			养老 8%	医疗 2%	失业 1%				
管理部门	王 虎	4500	360	90	45	4005			
	……								
供销部门	李晓明	3300	264	66	33	2937			
	……								
生产部门	林 杰	3200	176	44	22	2958			
	……								
合计		248700	19894	4974	2487	221345		220292	

（3）扣缴个人所得税纳税报告表

根据资料（1）和（2），填写扣缴个人所得税报告表，扣缴个人所得税报告表如表 8-2 所示。

表 8-2　扣缴个人所得税报告表

扣缴个人所得税报告表

扣缴义务人编码：□□□□□□□□□□□□□□□

扣缴义务人名称（公章）：

金额单位：元（列至角分）

填表日期：　　年　　月　　日

序号	纳税人姓名	身份证照类型	身份证照号码	国籍	所得项目	所得期间	收入额	免税收入额	允许扣除的税费	费用扣除标准	准予扣除的捐赠额	应纳税所得额	税率%	速算扣除数	应扣税额	已扣税额	备注
1	2	3	4	5	6	7	8	9	10	11	12	13	14	15	16	17	18
合计										—	—	—	—	—			

我声明：此扣缴报告表是根据国家税收法律、法规的规定填报的，我确定它是真实的、可靠的、完整的。

扣缴义务人声明

负责人签字：

声明人签字：

　　年　　月　　日

扣缴单位（或法定代表人）（签章）：

会计主管签字：

受理人（签章）：

受理日期：

受理税务机关（章）：

第九章　城市维护建设税及教育费附加

实训十九　城市维护建设税及教育费附加的纳税申报

 一、实训目的

能够按照企业当月所发生的经济业务准确计算城市维护建设税及教育费附加的金额；学会填写城市维护建设税及教育费附加的申报表及办理纳税申报。

 二、实训要求

1）根据应缴的增值税、营业税和消费税，计算企业应缴纳的城市维护建设税及教育费附加的金额；

2）填写城市维护建设税及教育费附加的申报表。

 三、实训资料

（1）企业基本情况

企业名称：绿源宝洁有限公司

法定代表人：王小宝

财务负责人：刘瑞

办税人员：齐小明

注册资本：5000万元

注册地址：东海市南坪街789号

经营范围：护肤品、护发品、美容化妆品的生产、销售

成立时间：2005年02月10日

税务登记证号：280601002203549

开户银行及账号：工行东海支行　1800019027354601298

电话：0316-32378889

职工人数：1000人

地税管理代码：013081248

（2）2009年8月企业涉税资料

1）2009年8月应缴增值税计算表，如表9-1所示；

表 9-1　应缴增值税计算表

应缴增值税计算表

2009 年 08 月 31 日　　　　　　　　单位：元

项目	销项税额	进项税额	进项税额转出	应交增值税	本月已缴增值税	本月未缴（或多缴）增值税
金额	444720	373100	5100	76720	0	76720

2）2009 年 8 月应缴消费税计算表，如表 9-2 所示；

表 9-2　应缴消费税计算表

应缴消费税计算表

2009 年 08 月 31 日　　　　　　　　单位：元

项目	不含税销售额	税率	应交消费税额
金额	960000	30%	288000

3）2009 年 8 月应缴营业税计算表，如表 9-3 所示。

表 9-3　应缴营业税计算表

应缴营业税计算表

2009 年 08 月 31 日　　　　　　　　单位：元

项目	转让无形资产收入	税率	应交营业税额
金额	50000	5%	2500

（3）城市维护建设税及教育费附加纳税实训资料

1）根据企业 8 月份涉税资料，计算 2009 年 8 月应缴的城市维护建设税及教育费附加，填写应缴城市维护建设税及教育费附加计算表，计算表如表 9-4 所示；

表 9-4　应缴城市维护建设税及教育费附加计算表

应缴城市维护建设税、教育费附加计算表

2009 年 08 月 31 日　　　　　　　　单位：元

项　　目		计算基数	税率	金额
应缴城市维护建设税	应交增值税			
	应交消费税			
	应缴营业税			
合　　计				
应缴教育费附加	应交增值税			
	应交消费税			
	应缴营业税			
合　　计				

2）根据实训资料（1）和（2），填写城市维护建设税、教育费附加申报表，申报表如表 9-5 所示。

表 9-5 城市维护建设税及教育费附加申报表

城市维护建设税、教育费附加申报表

税务登记证号：□□□□□□□□ 　　管理代码：□□□□

纳税人名称：　　　　　税款所属期： 年 月 日至 年 月 日

单位：元

税种	税目	征收范围	计税依据	所属时期	计税金额	税率（征收率）(%)	应纳税（费）额	减免税（费）额	抵扣额	已纳税额	应补（退）税额
合计											

纳税人或代理人声明：此纳税申报表是根据国家税收法律、法规的规定填报的，我确定它是真实的、可靠的、完整的。

办税人员（签章）：　　财务负责人（签章）：

代理人名称：　　经办人（签章）：

如纳税人填报，由纳税人填写以下各栏：

法定代表人（签章）：　　联系电话

如委托代理人填报，由代理人填写以下各栏：

代理人（公章）：　　联系电话

受理机关（签章）：

受理日期： 年 月 日

第十章　企业综合纳税申报

实训二十　企业综合纳税申报实训

一、实训目的

1）能够根据企业发生的经济业务对所涉及的增值税、消费税、营业税、企业所得税、个人所得税、城市维护建设税及教育费附加等应纳税（费）额进行计算；

2）会填写各税种纳税申报表，培养学生系统处理税务的能力。

二、实训要求

1）根据经济业务资料整理当期可抵扣的增值税进项发票，做好认证抵扣准备，并装订已认证的抵扣凭证；

2）填制增值税、消费税、营业税、城市维护建设税、教育费附加、代扣代缴个人所得税纳税申报表及所属附表；

3）填写企业 2009 年第四季度所得税预缴申报表。

三、实训资料

（1）模拟企业简介

企业名称：陕西爱家装饰材料有限公司

住所：西安市太白南路 171 号

法定代表人：王鹏

注册资金：500 万元

经营范围：生产、加工木地板

财务负责人：周梅

办税人员：赵红

所属行业：制造业

地税管理代码：013181237

该企业为增值税一般纳税人，适用税率 17%，上期无留抵增值税额；企业所得税征收方式被鉴定为查账征收，执行按季据实预缴，年度汇算清缴的征管方式。

（2）经济业务资料

陕西爱家装饰材料有限公司 2009 年 12 月份发生如下涉税业务（部分）：

1）12 月 1 日向安康林业有限公司购买木材，已验收入库，货款未付，原始凭证如表 10-1～表 10-5 所示；

表 10-1 购货所得增值税专用发票（抵扣联）

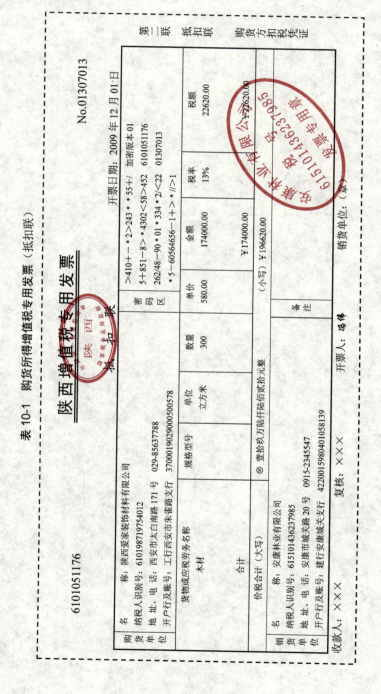

表 10-2 购货所得增值税专用发票（发票联）

陕西增值税专用发票
发 票 联

No.01307013

610105176

第三联 发票联 购货方记账凭证

开票日期：2009 年 12 月 01 日

购货单位	名　　称：陕西爱家装饰材料有限公司
	纳税人识别号：610198719754012
	地址、电话：西安市太白南路 171 号　029-85637788
	开户行及账号：工行西安市朱雀路支行　37000190290000500578

密码区：
>410＋一＊2>243＊＊55＋/
5＋851-8>＊4302<58>452　6101051176
262/48-90＊01＊334＊2/<22　01307013
＊5-60564656-1＋>＊//>1
加密版本 01

货物或应税劳务名称	规格型号	单位	数量	单价	金额	税率	税额
木材		立方米	300	580.00	174000.00	13%	22620.00
合计					￥174000.00		￥22620.00

价税合计（大写）　⊗壹拾玖万陆仟陆佰贰拾元整　（小写）￥196620.00

销货单位	名　　称：安康林业有限公司
	纳税人识别号：615101436237985
	地址、电话：安康市城关路 20 号　0915-2345547
	开户行及账号：建行安康城关支行　42200159804010581139

备注

收款人：×××　复核：×××　开票人：冯体　销货单位：（章）

117

表 10-3 货运行业货运统一发票

全国联运行业货运统一发票

(抵扣联)

发票代码 61150152 1107
发票号码 03051584

开票日期 2009 年 12 月 01 日

机打代号	61012520713
机打号码	12351056
机器编号	0011225

发货人名称	安康林业有限公司
纳税人识别号	6151014362 37985
收货人名称	陕西爱豪装饰材料有限公司
纳税人识别号	61019871 9754012

| 发货站(港) | 安康 | 到站 | 西安 |

货物名称	件数	计费重量	包装
木材	300	立方米	

密码区

172312-4-256<1+45*53*/
181325><8189*69*09856*/
3<3*2702-9>9*156/0*8/4

第二联 抵扣联 购货方扣税凭证

	运输费用		其他费用	
	项目及金额		项目及金额	
一、自备运输工具运输			仓储费	0.00
1. 公路运费	2000.00		包装费理费	0.00
2. 水路运费	0.00		装卸费	0.00
二、代付运费			业务费	0.00
1. 铁路运输	0.00		票签费	0.00
2. 公路运输	0.00		小计	0.00
3. 水路运输	0.00		垫付费用	
4. 航空运输	0.00		项目及金额	
小计:	2000.00		保险费	0.00
			邮寄费	0.00
			小计	0.00

主管税务机关及代码 26192123

手写无效

合计人民币(大写)	贰仟元整		
承办人名称	安康市运输公司
纳税人识别号	6151014313 52315

开票单位盖章

开票人: 秘明

收款人: 秘明

表 10-4 货运统一发票（发票联）

全国联运行业货运统一发票

发票代码 611501521107
发票号码 03051584

开票日期 2009 年 12 月 01 日

机打代号	61012520713
机打号码	12351056
机器编号	0011225

密码区

172312－4－256<1＋45＊53＊/
181325＞<8189＊69＊09856＊/
3<3＊2702－9＞9＊156/0＊8/4

发货人名称　安康林业有限公司

纳税人识别号　615101436237985

收货人名称　陕西爱家装饰材料有限公司

纳税人识别号　610198719754012

发货站（港）安康　到站 西安
货物名称　包装
件数 300　计费重量　立方米 木材

运输费用	项目及金额
一、自备运输工具运输	
1. 公路运费	2000.00
2. 水路运费	0.00
二、代付运费	
1. 铁路运输	0.00
2. 公路运输	0.00
3. 水路运输	0.00
4. 航空运输	0.00
小计：	2000.00

其他费用	项目及金额
仓储费	0.00
包装整理费	0.00
装卸费	0.00
业务费	0.00
票签费	0.00
小计	0.00

垫付费用	项目及金额
保险费	0.00
邮寄费	0.00
小计	0.00

第一联 发票联 付款方记账凭证

26192123 手写无效

合计人民币（大写）贰仟元整

承办人名称 安康市运输公司
纳税人识别号 615101431352315

开票单位盖章

主管税务机关及代码
收款人：秘啊
开票人：秘啊

121

表 10-5　货物入库单

收　料　单

材料科目：原材料　　　　　　　　　　　　　编号：5812010

材料类别：原料及主要材料

供应单位：安康林业公司

发票号码：01307013　　　　　　2009 年 12 月 1 日

材料名称	计量单位	数量		实际成本					
		应收	实收	买价		运杂费	其他	合计	单位成本
				单价	金额				
木材	立方米	300	300	580	174000	1860		175860	586
合计		300	300		174000	1860		175860	586

记账人：　　　　　　　　收料人：冯波　　　　　　制单人：刘文

　　2）12 月 4 日购买包装箱 3000 个，已验收入库，货款未付，运费已支付，原始凭证如表 10-6～表 10-11 所示；

表 10-6 购货所得增值税专用发票（抵扣联）

上海增值税专用发票 (抵扣联)

No.01502116

开票日期：2009 年 12 月 04 日

购货单位	名 称：	陕西爱家装饰材料有限公司				
	纳税人识别号：	61019871975401 2				
	地 址、电 话：	西安市太白南路 171 号　029-85637788				
	开户行及账号：	工行西安市朱雀路支行　37000190290000500578				

密码区	>410＋一＊2>243＊＊55＋/　加密版本 01 5＋851-8>＊4302<58>452　3101157611 262/48-90＊01＊334＊2/<22　01502116 ＊5-60564656-1＋>＊//>1

货物或应税劳务名称	规格型号	单位	数量	单价	金额	税率	税额
包装箱		个	3000	22.00	66000.00	17%	11220.00
合计					￥66000.00		￥11220.00

| 价税合计（大写） | ⊗ 柒万柒仟贰佰贰拾元整 | | | | (小写) ￥77220.00 | | |

销货单位	名 称：	上海永新包装品有限公司	备注	
	纳税人识别号：	31010979854362 3		
	地 址、电 话：	上海市城天路 20 号　021-23455471		
	开户行及账号：	建行支行　42200159804010581 39		

收款人：×××　复核：×××　开票人：秘利　销货单位：(章)

表 10-7 购货所得增值税专用发票（发票联）

上海增值税专用发票

发票联

第三联 发票联 购货方记账凭证

No.01502116

3101157611

开票日期：2009 年 12 月 04 日

购货单位	名 称：陕西爱家装饰材料有限公司						
	纳税人识别号：61019871954012						
	地 址、电 话：西安市太白南路 171 号 029-85637788						
	开户行及账号：工行西安市朱雀路支行 37000190290000500578						

密码区：
>410十一 * 2>243 * * 55+/ 加密版本 01
5+851—8> * 4302<58>452 3101157611
262/48—90 * 01 * 334 2/<22 01502116
* 5—60564656—1+> * //>1

货物或应税劳务名称	规格型号	单位	数量	单价	金额	税率	税额
包装箱		个	3000	22.00	66000.00	17%	11220.00
合计					¥66000.00		¥11220.00

价税合计（大写）：⊗ 柒万柒仟贰佰贰拾元整 （小写）¥77220.00

备注

销货单位	名 称：上海永新包装品有限公司
	纳税人识别号：310109798543623
	地 址、电 话：上海市城关路 20 号 021-23345471
	开户行及账号：建行支行 4220015980401058139

销货单位：（章）

开票人：陈利 复核：××× 收款人：×××

表 10-8　货运统一发票（抵扣联）

全国联运货运行业货运统一发票

抵 扣 联

第二联　抵扣联　付款方扣税凭证

发票代码 3115015 20711
发票号码 15840305

开票日期	2009 年 12 月 04 日
机打代号	61012520713
机打号码	12351056
机器编号	0011225

发货人名称	上海永新包装品有限公司
纳税人识别号	310109798543623
收货人名称	陕西爱家装饰材料有限公司
纳税人识别号	610198719754012
发货站（港）	安康
到货站	西安
货物名称	包装
包装箱　件数 3000　个	

密码区
172312−4−256<1+45*53*/
181325><8189*69*09856*/
3<3*2702−9>9*1560*8/4

运输费用		其他费用	
项目及金额		项目及金额	
一、自备运输工具运输		仓储费	0.00
1. 公路运费	4000.00	包装整理费	0.00
2. 水路运费	0.00	装卸费	500.00
		业务费	0.00
二、代付运费		票签费	0.00
1. 铁路运输	0.00	小计	500.00
2. 公路运输	0.00		
3. 水路运输	0.00	垫付费用	
4. 航空运输	0.00	项目及金额	
小计：	4000.00	保险费	0.00
		邮寄费	0.00
		小计	0.00

合计人民币（大写）肆仟伍佰元整		主管税务	26192123
承办人名称　上海市运输公司		机关及代码	
纳税人识别号　3135231511510143			

开票单位盖章

开票人：赵晓　　收款人：林东

手写无效

（印章）上海市运输公司　税 号 6151014313623315　发票专用章

表 10-9 货运统一发票（发票联）

全国联运行业货运统一发票

（发票联）

发票代码 311501520711
发票号码 15840305

开票日期 2009 年 12 月 04 日

机打代号	61012520713
机打号码	12351056
机器编号	0011225

发货人名称	上海永新包装品有限公司
纳税人识别号	3101099854362
收货人名称	陕西爱家装饰材料有限公司
纳税人识别号	6101987195401

密码区
172312-4-256<1+45*53*/
18132>>8189*69*09856*/
3<3*2702-9>9*156/0*8/4

发货站	西安	到站（港）	安康

货物名称	件数	计费重量	包装
包装箱	3000		个

运输费用

项目及金额	
一、自备运输工具运输	
1. 公路运费	4000.00
2. 水路运费	0.00
二、代付运输	
1. 铁路运输	0.00
2. 公路运输	0.00
3. 水路运输	0.00
4. 航空运输	0.00
小计：	4000.00

其他费用

项目及金额	
仓储费	0.00
包装整理费	0.00
装卸费	500.00
业务费	0.00
票签费	0.00
小计	500.00

垫付费用	
项目及金额	
保险费	0.00
邮寄费	0.00
小计	0.00

合计人民币（大写）肆仟伍佰元整

承办人名称	上海市运输公司
纳税人识别号	3135231511510143

主管税务
机关及代码 26192123

开票单位盖章

开票人：魏明

收款人：林玉

手写无效

上海市运输公司
税号 6151014311352315
发票专用章

表 10-10 支付货物运费支票存根

中国工商银行

转账支票存根（陕）

$\dfrac{B}{0}\dfrac{B}{2}$ 0412629

附加信息 _____

_____

_____

_____

出票日期：2009 年 12 月 4 日

收款人：上海市运输公司
金　额：4500.00
用　途：运费

单位主管：　　　会计 ☐

表 10-11 货物验收入库单

收　料　单

材料科目：周转材料

材料类别：包装物

供应单位：上海永新包装品有限公司

发票号码：01502116　　　　　2009 年 12 月 4 日　　　编号：5812011

材料名称	计量单位	数量		实际成本				
		应收	实收	买价		运杂费	其他	合计	单位成本
				单价	金额				
包装箱	个	3000	3000	22	77220	4220		48220	24.11
合计		3000	3000	22	77220	4220		48220	24.11

记账人：　　　　　收料人：冯波　　　　　制单人：刘文

3）12 月 5 日缴纳税费。原始凭证如表 10-12～表 10-15 所示；

表10-12 增值税完税凭证

中华人民共和国
税收通用缴款书

（20082）陕国缴电 1675221 国

增值税完税凭证

填表日期：2009 年 12 月 5 日

征收机关：

表属关系：省级

注册类型：

	代　码	61019871975401 2	编　码	101010101
	全　称	陕西美家装饰材料有限公司	名　称	增值税
缴款单位	开户银行	工行西安市未央路支行	级　次	中央75% 省7.5% 县区17.5%
	账　号	37000190290000500578	收缴国库	碑林支库

税款所属时期：2009 年 11 月

税款限缴日期：2009 年 12 月 10 日

品目名称	课税数量	计税金额或销售收入	税率或单位税额	已缴或扣除额	实缴金额
销售收入		265,882.35	17%	15,200.00	30,000.00

金额合计（大写）人民币叁万元整

上列款项已收妥并划转国库 （盖章）
中国工商银行西安市未央路支行
2009.12.05

总缴款单位（章）
经办人（章）

填写人
税务机关（盖章）

备注：逾期不缴按税法规定办理滞纳金
2004 年 12 月 5 日 各 清 讫 （18）

（缴款单位作完税凭证）第一联

表10-13 消费税完税凭证

中华人民共和国

税收通用缴款书

(20092) [陕] 国缴电 1675221 国

填表日期: 2009 年 12 月 5 日

第一联 缴款单位作完税凭证

隶属关系: 省级

注册类型:

征收机关:

缴款单位	代 码	6101987l9754012		
	全 称	陕西豪装饰材料有限公司		
	开户银行	工行西安市未央路支行		
	账 号	370001902900050N0578		

税款所属时期: 2009 年 11 月

预算科目	编 码	101010101	税款限缴日期: 2009 年 12 月 10 日
	名 称	消费税	收缴国库
	级 次	中央 100%	

品目名称	课税数量	计税金额或销售收入	税率或单位税额	已缴或扣除额	实缴金额
销售收入		160,000.00	5%		8,000.00
金额合计 (大写) 人民币捌仟元整					8,000.00

缴款单位(盖章) 经办人(章) 财务专用章

税务机关(盖章) (应填写) 征税专用章

缴款国库(盖章) 中国工商银行西安市未央路支行 2009.12.05 业务清讫(18)

备注:

上列款项已收妥并划转国库

2004年12月5日

逾期不缴按税法规定加收滞纳金

碑林区国家税务局

碑林支金库

135

表10-14 城市维护建设税完税凭证

中华人民共和国
税收通用缴款书

(XA081) 陕地缴电 0533936 号

地

第一联 缴款单位作完税凭证

填表日期: 2009 年 12 月 5 日

隶属关系: 区县级

注册类型:

缴款单位	代 码	6101987 19754012					
	全 称	陕西美佳装饰材料有限公司					
	开户银行	工行西安市未央路支行					
	账 号	37000190 2900500578					

税款所属时期: 2009 年 11 月

品目名称	课税数量	计税金额或销售收入	税率或单位税额	已缴或扣除额	实缴金额
市区增值税		30,000.00	7%		2,100.00
市区消费税		8,000.00	7%		560.00
					2,660.00

金额合计(大写) 人民币贰仟陆佰陆拾圆整

税务机关(盖章) 征税专用章

填写人(章)

缴款单位(盖章) 财务专用章

经办人(章)

预算科目: 城市维护建设税 编码 1010901

级次 区县级 100%

名称 城市维护建设税

收缴国库: 碑林支金库

税款限缴日期: 2009 年 12 月 10 日

征收机关:

中国工商银行西安市未央路支行

2009.12.05 转讫

上列款项已收讫并划转国库(盖章)

2004年12月5日 备注 (18) 清 讫

逾期不缴按税法规定加收滞纳金

137

表 10-15 教育费附加完税凭证

中华人民共和国
税收通用缴款书

（XA081）陕地缴电 0533936 号

隶属关系：区县级

注册类型：

填表日期：2009 年 12 月 5 日

征收机关：

缴款单位	代　码	61019871975 4012			
	全　称	陕西麦家装饰材料有限公司			
	开户银行	工行西安市未央路支行			
	账　号	370001902900500578			

税款所属时期：2009 年 11 月

品目名称	课税数量	计税金额或销售收入	税率或单位税额	税款限缴日期：2009 年 12 月 10 日	已缴或扣除额	实缴金额
市区增值税		30,000.00	37%			900.00
市区消费税		8,000.00	3%			240.00
金额合计（大写）人民币壹仟壹佰肆拾元整						1,140.00

缴款单位（盖章）

经办人（章）

财务专用章

税务机关（盖章）

填写人（章）

征税专用章

预算科目：教育费附加
区县级 100%
碑林支金库
编码 103020301
收缴国库

中国工商银行西安市未央路支行（盖章）

2009.12.05

业 务 清 讫 (18)

上列款项已收安并划转国库

2004 年 12 月 5 日

备注：
逾期不缴按税法规定加收滞纳金

第一联

缴款单位作完税凭证

4）12 月 5 日购买木材 500 立方米，货已验收入库，运费及货款尚未支付，原始凭证如表 10-16～表 10-20 所示；

表 10-16　购货所得增值税专用发票（抵扣联）

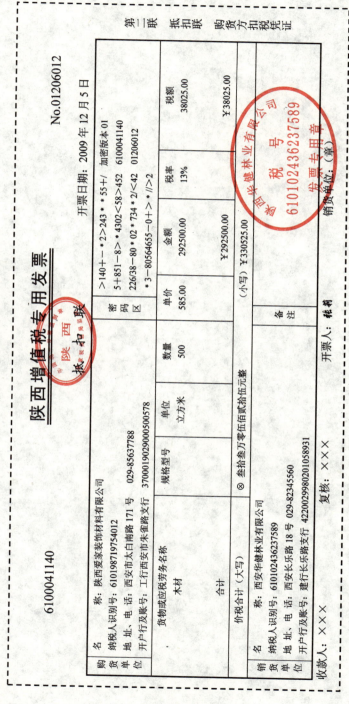

6100041140

陕西增值税专用发票（抵扣联）

No.01206012

开票日期：2009 年 12 月 5 日

购货单位	名　称：陕西爱家装饰材料有限公司 纳税人识别号：61019871954012 地　址、电　话：西安市太白南路 171 号　029-85637788 开户行及账号：工行西安市朱雀路支行　37000190290000500578

货物或应税劳务名称	规格型号	单位	数量	单价	金额	税率	税额
木材		立方米	500	585.00	292500.00	13%	38025.00
合计					￥292500.00		￥38025.00

价税合计（大写）　⊗ 叁拾叁万零伍佰贰拾伍元整　（小写）￥330525.00

销货单位	名　称：西安华健林业有限公司 纳税人识别号：61010243637589 地　址、电　话：西安长乐路 18 号　029-82345560 开户行及账号：建行长乐路支行　42002998020105891	备注

密码区：>140＋一＊2>243＊＊55＋/　加密版本 01
5＋851－8>＊4302<58>452　6100041140
226/38－80＊02＊734＊2/<42　01206012
＊3－80564655－0＋>＞//>2

收款人：×××　复核：×××　开票人：杨莉　销货单位：（章）

141

表 10-17　购货所得增值税专用发票（发票联）

陕西增值税专用发票

6100041140

No.01206012

开票日期：2009 年 12 月 5 日

密码区
```
>140＋一＊2>243＊55＋/
5＋851−8>＊4302<58>452　6100041140
226/38−80＊02＊734＊2/<42　01206012
＊3−80564655−0＋>＊//>2
```

货物或应税劳务名称	规格型号	单位	数量	单价	金额	税率	税额
木材		立方米	500	585.00	292500.00	13%	38025.00
合计					￥292500.00		￥38025.00

价税合计（大写）　⊗ 叁拾叁万零伍佰贰拾伍元整　（小写）￥330525.00

购货单位
名　称：陕西爱家装饰材料有限公司
纳税人识别号：610198719754012
地　址、电　话：西安市太白南路 171 号　029-85637788
开户行及账号：工行西安市朱雀路支行 37000190290000500578

销货单位
名　称：西安华健林业有限公司
纳税人识别号：610102436237589
地　址、电　话：西安长乐路 18 号　029-82345560
开户行及账号：建行长乐路支行 42200299980201058931

收款人：×××　复核：×××　开票人：秋莉　销货单位：（章）

表10-18 货运统一发票（抵扣联）

全国联运行业货运统一发票

第三联 抵扣联 付款方抵扣税凭证

发票代码 61010520701
发票号码 02032562

开票日期	2009 年 12 月 05 日
机打代号	61010520701
机打号码	02051075
机器编号	0001271
发货人名称	陕西华健林业有限公司
纳税人识别号	61124313523589
收货人名称	陕西爱家装饰材料有限公司
纳税人识别号	61019871975412
发货站（港）	汉中
到站	西安
货物名称	木材
计费重量	包装
件数	500
	立方米

密码区：
172312—4—256＜1＋45＊53＊/
18325＞＜8189＊69＊09856＊/
3＜3＊2702—9＞9＊156/0＊8/4

运输费用 项目及金额	
一、自备运输工具运输	
1. 公路运费	2500.00
2. 水路运费	0.00
二、代付运费	
1. 铁路运输	0.00
2. 公路运输	0.00
3. 水路运输	0.00
4. 航空运输	0.00
小计：	2500.00

其他费用 项目及金额	
仓储费	0.00
包装整理费	0.00
装卸费	0.00
业务费	0.00
票签费	0.00
小计	0.00

垫付费用 项目及金额	
保险费	0.00
邮寄费	0.00
小计	0.00

金额 25192000

手写无效

合计人民币（大写）贰仟伍佰元整
承办人名称 汉中市运输公司
纳税人识别号 61124313523589

主管税务机关及代码 朱志明
收款人 朱志明
开票人：朱志明
开票单位盖章

（印章：汉中市运输公司 发票专用章 税号61124313523589）

表 10-19　货运统一发票

全国联运行业货运统一发票

（发票联）

第一联　发票联　付款方记账凭证

发票代码 61010520701
发票号码 02032562

开票日期	2009 年 12 月 05 日
机打代号	61010520701
机打号码	02051075
机器号编号	0001271

密码区

172312－4－256＜1＋45＊53＊/
181325＞＜8189＊69＊09856＊/
3＜3＊2702－9＞9＊156/0＊8/4

发货人名称	陕西华健林业有限公司
纳税人识别号	61124313523 1589
收货人名称	陕西爱家装饰材料有限公司
纳税人识别号	61019871975 4012

发货站（港）汉中	到站 西安
货物名称	件数	计费重量	包装
木材	500		立方米

运输费用	项目及金额	其他费用	项目及金额
一、自备运输工具运输		仓储费	0.00
1. 公路运费	2500.00	包装整理费	0.00
2. 水路运费	0.00	装卸费	0.00
二、代付运费		业务费	0.00
1. 铁路运输	0.00	票签费	0.00
2. 公路运输	0.00	小计	0.00
3. 水路运输	0.00	垫付费用	项目及金额
4. 航空运输	0.00	保险费	0.00
小计:	2500.00	邮寄费	0.00
		小计	0.00
			25192000

合计人民币（大写）贰仟伍佰元整	
承办人名称	汉中市运输公司
纳税人识别号	61124313523 1589

主管税务
机关及代码

收款人: 朱志喷

开票人: 朱志喷

开票单位盖章

手写无效

汉中市运输公司
税　号
611243135231589
发票专用章

表 10-20　货物验收入库单

收　料　单

材料科目：原材料　　　　　　　　　　　　　　　　编号：5812012

材料类别：原料及主要材料

供应单位：陕西华健林业有限公司

发票号码：01206012　　　　　　　　2009 年 12 月 6 日

| 材料名称 | 计量单位 | 数量 | | 实际成本 | | | | | |
| | | 应收 | 实收 | 买价 | | 运杂费 | 其他 | 合计 | 单位成本 |
				单价	金额				
木材	立方米	500	500	585	292500	2325		294825	589.65
合计		500	500		292500	2325		294825	589.65

记账人：　　　　　　　　收料人：冯波　　　　　　　　制单人：刘文

5）12 月 8 日购买石蜡、地板胶，货已验收入库，运费及货款已支付，原始凭证如表 10-21～表 10-26 所示；

表 10-21 购货所得增值税专用发票（抵扣联）

云南增值税专用发票

（抵扣联）

第三联 抵扣联 购货方扣税凭证

No.01808015

开票日期：2009 年 12 月 8 日

6400051670

购货单位	名 称：	陕西爱家装饰材料有限公司
	纳税人识别号：	61019871954012
	地 址、电 话：	西安市太白南路 171 号 029-85637788
	开户行及账号：	工行西安市朱雀路支行 3700019029000500578

密码区：

>140+一＊2>243＊＊55+/ 加密版本 01
5+851−8>＊4302<58>452 6400051670
226/38−80＊02＊734＊2/<42 01808015
＊3−80564655−0＋>＊//>2

货物或应税劳务名称	规格型号	单位	数量	单价	金额	税率	税额
石蜡		千克	500	37	18500.00	17%	3145.00
地板胶		千克	1000	6	6000.00	17%	1020.00
合计					￥24500.00		￥4165.00

价税合计（大写）⊗贰万捌仟陆佰陆拾伍元整 （小写）￥28665.00

销货单位	名 称：	云南化工工业品有限公司
	纳税人识别号：	64011243523571
	地 址、电 话：	昆明市幸福路 28 号 0871-82345560
	开户行及账号：	工行昆明市幸福路支行 37000998020105598131

备注

收款人：××× 复核：××× 开票人：秘莉 销货单位：（章）

149

表10-22 购货所得增值税专用发票（发票联）

云南增值税专用发票

No.01808015

开票日期：2009 年 12 月 8 日

6400051670

购货单位	名　称：陕西爱家装饰材料有限公司 纳税人识别号：61019871954012 地　址、电话：西安市太白南路 171 号　029-85637788 开户行及账号：工行西安市朱雀路支行 3700019029000500578		

密码区	>140＋一＊2>243＊＊55＋/　加密版本 02 5＋851－8＞4302<58>452 6400051670 226/38－80＊02＊734＊2/<42 01808015 ＊3－80564655－0＋＞＊//>2		

货物或应税劳务名称	规格型号	单位	数量	单价	金额	税率	税额
石蜡		千克	500	37	18500.00	17%	3145.00
地板胶		千克	1000	6	6000.00	17%	1020.00
合计					￥24500.00		￥4165.00

价税合计（大写）　⊗贰万捌仟陆佰陆拾伍元整　　（小写）￥28665.00

销货单位	名　称：云南化工工业品有限公司 纳税人识别号：64011243531571 地　址、电话：昆明市幸福路 28 号 0871-82345560 开户行及账号：工行昆明市幸福路支行 37000998020010598131	备注

收款人：××××　　　复核：×××　　　开票人：秘莉　　　销货单位：（章）

表10-23 货运统一发票（抵扣联）

全国联运行业货运统一发票

发票代码 251000410009
发票号码 00002161

第三联 抵扣联 付款方扣税凭证

开票日期	2009年12月08日
机打代号	251000410009
机打号码	00001005
机器编号	000001562

发货人名称	云南化工工业品有限公司
纳税人识别号	640112435231571
收货人名称	陕西爱家装饰材料有限公司
纳税人识别号	61019871975 4012

密码区：
172312—4—256<1+45*53 */
181325>—<8189*69*09856 */
3<3*2702—9>9 156/0*8/4

发货站	昆明	到站	西安	
货物名称	件数	计费重量		包装
石蜡	500	千克		箱
地板胶	1000	千克		箱

运输费用	项目及金额
一、自备运输工具运输	
1. 公路运费	3000.00
2. 水路运费	0.00
二、代付运费	
1. 铁路运输	0.00
2. 公路运输	0.00
3. 水路运输	0.00
4. 航空运输	0.00
小计:	3000.00

其他费用	项目及金额
仓储费	0.00
包装整理费	0.00
装卸费	0.00
业务费	0.00
票签费	0.00
小计	0.00

垫付费用	项目及金额
保险费	0.00
邮寄费	0.00
小计	0.00

合计人民币（大写）	叁仟元整		25192000
承办人名称	昆明市运输公司	主管税务	
纳税人识别号	640112435241575	机关及代码	

开票单位盖章

收款人：朱志明　　开票人：朱志明

手写无效

表 10-24 货运统一发票（发票联）

全国联运行业货运统一发票

发票代码 251000410009
发票号码 00002161

开票日期 2009 年 12 月 08 日				

机打代号 251000410009
机打号码 00001005
机器编号 000001562

发货人名称 云南化工工业品有限公司
纳税人识别号 640112435231571
收货人名称 陕西爱家装饰材料有限公司
纳税人识别号 610198719754012

发货站（港）昆明　到站 西安

货物名称	件数	计费重量	包装
石蜡	500	千克	箱
地板胶	1000	千克	箱

密码区
172312－4－256<1+45*53*/
181325>＜8189*69*09856*/
3<3*2702－9>9*156/0*8/4

运输费用	项目及金额	其他费用	项目及金额
一、自备运输工具运输		仓储费	0.00
1. 公路运费	3000.00	包装整理费	0.00
2. 水路运费	0.00	装卸费	0.00
二、代付运费		业务费	0.00
1. 铁路运输	0.00	票签费	0.00
2. 公路运输	0.00	小计	0.00
3. 水路运输	0.00	保险费	0.00
4. 航空运输	0.00	邮寄费	0.00
小计:	3000.00	小计	0.00

合计人民币（大写）叁仟元整　25192000

承办人名称 昆明市运输公司
纳税人识别号 640122435241575

开票单位盖章

主管税务机关及代码

收款人: 朱志啊
开票人: 朱志啊
手写无效

表 10-25　付款凭证

资金划汇补充凭证

（陕）WY00970257　$\left(6\frac{5}{6}\right)$

中国工商银行

收报日期：20091209

业务编号：HQP9346711G　200812090000000001

收款人账号：3700099820105981 31

收款人户名：云南化工工业品有限公司

收款人所在地：云南昆明市

收款人开户行：昆明市羊福路支行

付款方式：普通

授权人：23415 S.c.3700 置

业务类型：网上银行付款指令

付款人账号：370001902900050 0578

付款人户名：陕西爱家装饰材料有限公司

付款人所在地：西安

付款人开户行：朱雀路支行

大写金额：叁万壹仟陆佰陆拾伍元整

小写金额：￥31665.00

业务处理状态：手工处理

用途：货款

备注：

提交人：680823.c.3700

柜员号：370009786

打印：　　　　　　会计主管：　　　　　　记账：　　　　　　复核：

表 10-26　货物验收入库单

收 料 单

材料科目：原材料　　　　　　　　　　　　　　　编号：5812014

材料类别：原料及主要材料

供应单位：云南化工工业品有限公司

发票号码：01808015　　　　　　　2009 年 12 月 08 日

材料名称	计量单位	数量		实际成本					
		应收	实收	买价		运杂费	其他	合计	单位成本
				单价	金额				
石蜡	千克	500	500	37	18500	930		19430	38.86
地板胶	千克	1000	1000	6	6000	1860		7860	7.86

记账人：　　　　　　收料人：冯波　　　　　　制单人：刘文

6）12 月 15 日销售木地板，原始凭证如表 10-27 所示；

表 10-27 增值税专用发票（记账联）

陕西增值税专用发票

记 账 联

No.01307010

6100052185

开票日期：2009 年 12 月 15 日

购货单位	名 称：西安百发装饰公司
	纳税人识别号：61010339820101021
	地 址、电 话：西安市南环路 86 号
	开户行及账号：招商行西安市环南路支行 38000204800154327 92

密码区

```
>231+-*2>145**68+/ 加密版本 01
4+581-1>*3401<85>254 6100052185
320/83-05*202*437*1/<24 01307010
*6-50867651-2+>*//>5
```

货物或应税劳务名称	规格型号	单位	数量	单价	金额	税率	税额
实木地板		箱	55	1100.00	60500.00	17%	10285.00
复合木地板		箱	50	900.00	45000.00	17%	7650.00
合 计					￥105500.00		￥17935.00

价税合计（大写）⊗壹拾贰万叁仟肆佰叁拾伍元整 （小写）￥123435.00

销货单位	名 称：陕西爱家装饰材料有限公司
	纳税人识别号：61019871975400012	备注
	地 址、电 话：西安市太白南路 171 号 029-85637788
	开户行及账号：工行西安市朱雀路支行 3700019029000500578

收款人：×××　　复核：×××　　开票人：秋莉　　销货单位：（章）

7）12 月 15 日发放工资，原始凭证如表 10-28 和表 10-29 所示；

表 10-28 2009 年 12 月份员工工资表

2009 年 12 月份工资结算汇总表

| 部门 | 姓名 | 应发工资 | 代扣款项 | | | 税前工资 | 个人所得税 | 实发工资 | 备注 |
			养老 8%	医疗 2%	失业 1%				
管理部门	王 鹏	3500	280	70	35	3115	86.5	3028.5	
	……								
管理部门小计		52900	4230	1058	529	47083	698	46385	
供销部	李虎	2300	184	46	23	2047	2.35	2044.65	
	……								
供销部小计		18300	1464	366	183	16287	245	16042	
生产部门	马东华	2200	176	44	22	1958		1958	
	……								
生产部门小计		177500	14200	3550	1775	157975	110	157865	
合 计		248700	19894	4974	2487	221345	1053	220292	

表 10-29　支付工资支票存根

中国工商银行

转账支票存根（陕）

$\dfrac{B}{0}\dfrac{B}{2}$0412630

附加信息　_____

_____

_____

_____

出票日期：2009 年 12 月 10 日

收款人：	
金　额：*220,292.00 元*	
用　途：*发放职工工资*	

单位主管：　　　会计：| 周　梅 |

8）销售木地板，款未收，原始凭证如表 10-30 和表 10-31 所示；

表 10-30　增值税专用发票（记账联）

陕西增值税专用发票

记账联

6100052185

No.01307011

开票日期：2009 年 12 月 15 日

购货单位	名　称：西安市锦华装饰公司 纳税人识别号：610113395210723 地　址、电　话：西安市雁塔路 15 号 开户行及账号：工行西安市雁塔路支行 370004058001325497O		密码区	>231+—*2>145**68+/ 加密版本 01 4+581—1> * 3401<85>254 6100052185 320/83—05 * 202 * 437 *1/<24　01307011 *6—50867651—2+ * //>5		
	货物或应税劳务名称	规格型号	单位	数量	单价	金额	税率	税额
	实木地板		箱	800	1200.00	960000.00	17%	163200.00
	复合木地板		箱	500	800.00	400000.00	17%	68000.00
	合计					￥1360000.00		￥231200.00
	价税合计（大写）	⊗壹佰伍拾玖万壹仟贰佰元整			（小写）￥1591200.00			
销货单位	名　称：陕西爱家装饰材料有限公司 纳税人识别号：610198719754012 地　址、电　话：西安市太白南路 171 号　029-85637788 开户行及账号：工行西安市朱雀路支行 3700019029000500578		备注	销货单位：（章）		

收款人：×××　　　复核：×××　　　开票人：杨莉　　　销货单位：（章）

表 10-31 工业普通发票（记账联）

陕国税西字（09）工业三联

陕西省西安市工业普通发票

记账联

第三联 记账联

发票代码：6010011223
发票号码：92139142

2009 年 12 月 18 日

购货单位（人）	名称	西安市日板材公司		地址													
									金额							
品名规格	单位	数量	单价	十	万	千	百	十	元	角	分
实木地板	箱	300	1404	4	2	1	2	0	0	0	0
复合木地板	箱	200	936	1	8	7	2	0	0	0	0
合计（大写）	陆拾万零贰仟捌佰柒拾贰元柒角叁分				8	4	0	0	0

销货单位：陕西友安装饰材料有限公司
地址：太白南路 171 号

销货单位（章）

纳税人识别号 61019871975 4012
电话：029-85637788

开票人：赵峰杨

9）购买生产设备一台，已投入使用，款已付，原始凭证如表 10-32～表 10-35 所示；

表 10-32 购货所得增值税专用发票（发票联）

上海增值税专用发票

第三联 发票联 购货方记账凭证

No.10704011

开票日期：2009 年 12 月 21 日

购货单位	名　　称：	陕西爱家装饰材料有限公司				
	纳税人识别号：	610198719754012				
	地　址、电话：	西安市太白南路 171 号　029-85637788				
	开户行及账号：	工行西安市朱雀路支行 37000190290000500578				

密码区：>411＋—＊2＞423＊＊56＋/ ＊加密版本 02
5＋581－8＞3420＜18＞425　8101051682
262/83－82＊01＊374＊3/＜43　10704011
＊2－81564636－0＋＞＊//＞5

货物或应税劳务名称	规格型号	单位	数量	单价	金额	税率	税额
全自动检测翻板机		台	1	156000	156000	17%	26520
合计					￥156000.00		￥26520.00

价税合计（大写）：⊗壹拾捌万贰仟伍佰贰拾元整　（小写）￥182520.00

销货单位	名　　称：	上海依斯曼机械有限公司	备注
	纳税人识别号：	81011243235176	
	地　址、电话：	上海市昆明路 18 号　021-8556 0238	
	开户行及账号：	光大银行昆明路支行 56000879020105 21415	

收款人：×××　　复核：×××　　开票人：李林　　销货单位：（章）

8101051682

表 10-33　支付凭证

中国工商银行
INDUSTRIAL AND COMMERCIAL BANK OF CHINA

业务委托书
APPLICATION FOR MONEY TRANSFER

陕 A00529784

委托日期 Date　09 年 Y　12 月 M　21 日 D

业务类型 Type	□电汇 T/T　□信汇 M/T　□加急 Urgent	汇款方式 TYPE Remittance	□本票申请书 P/D　□汇票申请书 D/D　□普通 Regular □其他 Others
委托人 Applicant	全　称 Full Name	陕西爱家装饰材料有限公司	收款人 Payee	全　称 Full Name	上海依斯曼机械有限公司
	账号或地址 AccountNo.or Addr	370019029000500578		账号或地址 AccountNo.or Addr	5600087902010521415
	开户行名称 Account Bank Name	工行西安市朱雀路支行		开户行名称 Account Bank Name	光大银行昆明路支行
	开户银行 Account Bank	陕西省 Province　西安市 City		开户银行 Account Bank	省 Province　上海市 City

金额（大写）人民币 Amount in Words RMB　　贰拾万零捌仟肆佰肆拾元整　　￥ 2 0 8 4 4 0 0

支付密码 S.C.

加急汇款签字

用途 In Payment of

附加信息及用途 Message and purpos

上列款项及相关费用请从我账户内支付
The above remittancen and related charges are to be drawn on my account

委托人签章 Applicant Signature and/or Stamp:　　　　记账：

复核：

银行打印　客户填写

事后监督：　　　　会计主管：

169

表 10-34　固定资产运输发票

公路运输业统一发票

收货单位：陕西爱家装饰材料有限公司

托运单位：上海铁路段　　开票日期　2009 年 12 月 21 日　　　　No.01012131

货物名称	运输距离			计费数量			计费等级	单价	金额
	起点	讫点	公里	件数	实际重量	计量重量			
全自动检测翻板机	上海	西安	1440		25 吨	30 吨		0.6	25920

合计金额（大写）	贰万伍仟玖佰贰拾元整				￥25920.00				
代征税金	税种	税率	税额	代征费用	税种	税率	税额	运输单位及帐号	

收款人：　　　　　复核人：　　　　　　　开票人：　　　　　　　开票单位（章）

10）购买自来水，款已付，原始凭证如表 10-36～表 10～38 所示；

表 10-35　固定资产验收单

固定资产竣工验收单

2009 年 12 月 21 日

名称	规格型号	单位	数量	设备价款	预计使用年限	使用部门
全自动检测翻板机		台	1	208440.00	5	生产车间
合计				208440.00		
备注						

使用部门主管：×××　　　　　购买部门：×××　　　　　制单：××

表 10-36 购货所得增值税支用发票（抵扣联）

6100067051

陕西增值税专用发票

抵 扣 联

（抵扣联）

No.08108051

开票日期：2009 年 12 月 25 日

第三联 抵扣联 购货方扣税凭证

购货单位	名　　称：陕西爱家装饰材料有限公司 纳税人识别号：61019871975401 2 地址、电话：西安市大白南路 171 号　029-85637788 开户行及账号：工行西安市朱雀路支行 37000190290005 00578

密码区

> 140＋一＊2>243＊＊66＋／
5＋851－8>＊4302<58>123　加密版本 01
226/38－80＊02＊734＊2/<23　6100067051
＊3－80564655－0＋>＊//>5　08108051

货物或应税劳务名称	规格型号	单位	数量	单价	金额	税率	税额
自来水		立方	5000	2.00	10000.00	13%	1300.00
合计					￥10000.00		￥1300.00

价税合计（大写）　⊗壹万壹仟叁佰元整　（小写）￥11300.00

销货单位	名　　称：西安市自来水公司 纳税人识别号：61010223143571 5 地址、电话：西安市雁引路 15 号　029-8234560 开户行及账号：西安市商业银行安东支行 30101158000008 1359	备注

开票人：郑表禾　复核：×××　收款人：×××　销货单位：（章）

表 10-37 购货所得增值税专用发票（发票联）

6100067051

陕西增值税专用发票

No.08108051

开票日期：2009 年 12 月 25 日

第三联 发票联 购货方记账凭证

购货单位	名　　称：陕西爱豪装饰材料有限公司 纳税人识别号：610198719754012 地　　址、电话：西安市太白南路 171 号 029-85637788 开户行及账号：工行西安市朱雀路支行 37000190290000500578			
货物或应税劳务名称	规格型号	单位	数量	单价	金额	税率	税额

货物或应税劳务名称	规格型号	单位	数量	单价	金额	税率	税额
自来水		立方	5000	2.00	￥10000.00	13%	1300.00
合计					￥10000.00		￥1300.00

密码区：>140+一＊2>243＊＊66+/ 5+851-8>＊4302<58>123 6100067051 226/38-80＊02＊734＊2/<23 08108051 ＊3-80564655-0+>＊//>5

价税合计（大写）⊗壹万壹仟叁佰元整 （小写）￥11300.00

销货单位	名　　称：西安市自来水公司 纳税人识别号：610102231435715 地　　址、电话：西安市雁引1路 15 号 029-82345560 开户行及账号：西安市商业银行安东支行 3010115800000081359		备注：××××

收款人：×××　复核：××××　开票人：杜菁　销货单位：（章）

175

表 10-38 支付凭证

中国工商银行

资金划汇补充凭证

（陕）WY00970260

收报日期：20091225

业务编号：HQP93467116 20091225000000001
收款人账号：30101158000008359
收款人户名：西安市自来水公司
收款人所在地：西安市
收款人开户行：西安市商业银行安东支行

付款方式：普通
授权人：234155.c.3700

业务类型：网上银行付款指令
付款人账号：3700019029000500578
付款人户名：陕西爱家装饰材料有限公司
付款人所在地：西安
付款人开户行：朱雀路支行
大写金额：壹万壹仟叁佰元整
小写金额：¥11300.00
业务处理状态：手工处理
用途：货款
备注：
柜员号：370008697

提交人：680823.c.3700

记账：

会计主管：

复核：

打印：

11）购买电力，原始凭证如表 10-39 和表 10-40 所示；

表 10-39 购电所得增值税专用发票（抵扣联）

陕西增值税专用发票

抵 扣 联

No.09183527

6102187562

开票日期：2009 年 12 月 27 日

购货单位	名　称：陕西爱家装饰材料有限公司 纳税人识别号：61019871975 4012 地　址、电　话：西安市太白南路 171 号　029-85637788 开户行及账号：工行西安市朱雀路支行　37000190290005 00578				
货物或应税劳务名称	规格型号	单位	数量	单价	金额	税率	税额
电		千瓦时	35000	1.00	35000.00	13%	4550.00
合计					￥35000.00		￥4550.00

密码区：
\>120+一 * 1>233 * * 11+/ 加密版本 01
5+851-8> 4312<58>321 6102187562
226/38一80 * 02 * 724 * 2/<54 09183527
* 3一80564655一0+> * *//>5

价税合计（大写）：⊗叁万玖仟伍佰伍拾元整　（小写）￥39550.00

销货单位	名　称：西安市供电公司 纳税人识别号：61010231247 1535 地　址、电　话：西安市环城东路 20 号　029-87453770 开户行及账号：西安市广大银行东大街支行　302013580012035981		备注	

收款人：×××　　　复核：×××　　　开票人：林来丰　　　销货单位：（章）

表 10-40 购电所得增值税专用发票（发票联）

陕西增值税专用发票

6102187562

No.09183527

开票日期：2009 年 12 月 27 日

购货单位	名 称：陕西爱家装饰材料有限公司
	纳税人识别号：61019871975 4012
	地 址、电 话：西安市太白南路 171 号 029-85637788
	开户行及账号：工行西安市朱雀路支行 3700019029000500578

密码区	>120＋一＊1>233＊＊11＋/ 加密版本 01 5＋851－8>＊4312<58>321 610218 7562 226/38－80＊02＊724＊2/<54 09183527 ＊3－80564655－0＋>＊//>5

货物或应税劳务名称	规格型号	单位	数量	单价	金额	税率	税额
电		千瓦时	35000	1.00	35000.00	13%	4550.00
合计					￥35000.00		￥4550.00

价税合计（大写）	⊗叁万玖仟伍佰伍拾元整				（小写）￥39550.00		

销货单位	名 称：西安市供电公司	备注
	纳税人识别号：61010231247 1535	
	地 址、电 话：西安市环城东路 20 号 029-87453770	
	开户行及账号：西安市广大银行东大街支行 3020135800120 35981	

收款人：××× 复核：××× 开票人：郑爱平 销货单位：（章）

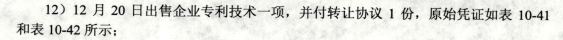

12）12 月 20 日出售企业专利技术一项，并付转让协议 1 份，原始凭证如表 10-41 和表 10-42 所示；

无形资产转让协议

甲方：陕西爱家装饰材料有限公司

乙方：东方集团有限公司

经双方友好协商，就乙方购买甲方的地板制作专利技术事宜，甲、乙双方达成协议如下：

一、甲方向乙方转让无形资产的价格为 30,000 元人民币（专利证书号：2323222255）。

二、乙方必须在 12 月 20 日前向甲方一次性付清货款，甲方必须向乙方提供相应证件，并办理相应的转让手续。

三、甲方应于 12 月 20 日交付专利技术。

本协议自双方签字之日起生效。

本协议一式两份，甲乙双方各执一份。如有异议，另行签订补充协议，补充协议与本协议具有同等法律效力。

甲方（盖章）：陕西爱家装饰材料有限公司　　　　乙方（盖章）：东方集团有限公司

法定代表人（签章）：王 鹏　　　　　　　　　　法定代表人（签章）：于德利

日期：2009 年 12 月 20 日　　　　　　　　　　日期：2009 年 12 月 20 日

表 10-41 无形资产调拨单

无形资产调拨单

2009 年 12 月 20 日

单位：元

类别	名 称	原值	累计摊销额	已使用年限	净值	公允价值
专利技术	地板制作专利	30000			30000	30000

单位负责人：王鹏	
调拨数量：	合计金额：30000
调拨原因：	出 售
调入单位：东方集团有限责任公司	
调出单位：陕西爱家装饰材料有限公司	

备注：

表 10-42 进账凭证

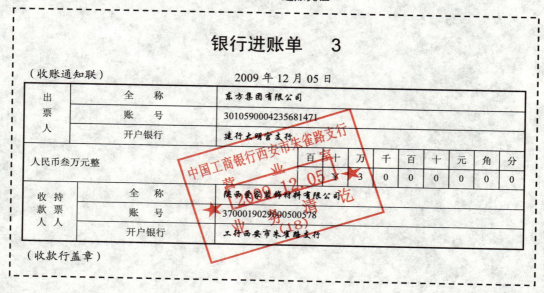

银行进账单　　3

（收账通知联）

2009 年 12 月 05 日

出票人	全 称	东方集团有限公司								
	账 号	3010590004235681471								
	开户银行	建行大明宫支行								

人民币叁万元整		百	十	万	千	百	十	元	角	分
			￥3	0	0	0	0	0	0	0

收款人	全 称	陕西爱家装饰材料有限公司
	账 号	3700019029000500578
	开户银行	工行西安市朱雀路支行

（收款行盖章）

13）12 月 23 日出售企业厂房一间，取得出售协议 1 份，原始凭证如表 10-43 和表 10-44 所示；

固定资产出售协议

甲方：陕西爱家装饰材料有限公司

乙方：东方集团有限公司

经双方友好协商，就乙方购买甲方的房屋事宜，甲、乙双方达协议如下：

一、甲方向乙方转让房产的价格为 140,000 元人民币（房产证书号：2823222255，共 50 平米，房屋其他情况见房产证）。

二、乙方必须在 12 月 23 日前向甲方一次性付清货款；甲方必须向乙方提供相应证件，并办理相应的转让手续。

三、甲方应于 12 月 20 日交付房屋。

本协议自双方签字之日起生效。

本协议一式两份，甲乙双方各执一份。如有异议，另行签订补充协议，补充协议与本协议具有同等法律效力。

甲方（盖章）：陕西爱家装饰材料有限公司   乙方（盖章）：东方集团有限公司

法定代表人（签章）：王鹏   法定代表人（签章）：于德利

日期：2009 年 12 月 23 日   日期：2009 年 12 月 23 日

表 10-43　进账凭证

银行进账单　3

（收账通知联）

2009 年 12 月 05 日

出票人	全　称	东方集团有限公司									
	账　号	3010590004235681471									
	开户银行	建行大明宫支行									

人民币壹拾肆万元整		百	十	万	千	百	十	元	角	分
			1	4	0	0	0	0	0	0

收款人	持票人	全　称	陕西爱家装饰材料有限公司
		账　号	3700019029000500578
		开户银行	工行西安市朱雀路支行

（收款行盖章）

表 10-44　固定资产调拨单

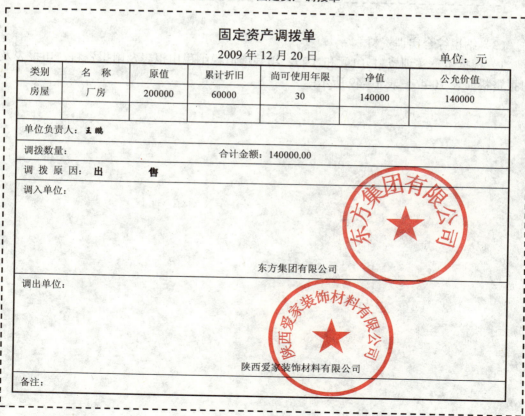

固定资产调拨单

2009 年 12 月 20 日　　　　　　　　单位：元

类别	名　称	原值	累计折旧	尚可使用年限	净值	公允价值
房屋	厂房	200000	60000	30	140000	140000

单位负责人：王鹏

调拨数量：　　　　　　　　合计金额：140000.00

调拨原因：出　售

调入单位：

东方集团有限公司

调出单位：

陕西爱家装饰材料有限公司

备注：

14）本企业 2009 年第四季度各损益类账户发生额汇总表如表 10-45 所示。

表 10-45　第四季度各损益类账户发生额汇总表

第四季度各损益类账户发生额汇总表

行次	账户名称	10~12 月累计借方发生额	10~12 月累计贷方发生额
1	主营业务收入		5000000.00
2	投资收益		10000.00
3	营业外收入		20000.00
4	主营业务成本	2400000.00	
5	销售费用	1000000.00	
6	管理费用	800000.00	
7	财务费用	200000.00	
8	营业税金及附加	100800.00	
9	资产减值损失	50000.00	
10	营业外支出	20000.00	
合计		4570800.00	5030000.00

（3）纳税综合实训资料

1）根据本章实训资料（1）和（2），填写增值税纳税申报表及附报资料，申报表及附报资料如表 10-46～表 10-49 所示；

表 10-46 增值税纳税申报表表附列资料（表一）

增值税纳税申报表附列资料（表一）（本期销售情况明细）

纳税人名称：(公章)　　税款所属时间：　　填表日期： 年 月 日　　金额单位：元至角分

一、按适用税率征收增值税货物及劳务的销售额和销项税额明细

项目	栏次	应税货物 17%税率			应税货物 13%税率			应税劳务			小计		
		份数	销售额	销项税额	份数	销售额	销项税额	份数	销售额	销项税额	份数	销售额	销项税额
防伪税控系统开具的增值税专用发票	1	—	—	—	—	—	—	—	—	—	—	—	—
非防伪税控系统开具的增值税专用发票	2	—	—	—	—	—	—	—	—	—	—	—	—
开具普通发票	3	—	—	—	—	—	—	—	—	—	—	—	—
未开具发票	4	—	—	—	—	—	—	—	—	—	—	—	—
小计	5=1+2+3+4	—	—	—	—	—	—	—	—	—	—	—	—
纳税检查调整	6	—	—	—	—	—	—	—	—	—	—	—	—
合计	7=5+6	—	—	—	—	—	—	—	—	—	—	—	—

二、简易征收办法征收增值税货物和应纳税额明细

项目	栏次	6%征收率			4%征收率			小计		
		份数	销售额	销项税额	份数	销售额	销项税额	份数	销售额	销项税额
防伪税控系统开具的增值税专用发票	8	—	—	—	—	—	—	—	—	—
非防伪税控系统开具的增值税专用发票	9	—	—	—	—	—	—	—	—	—
开具普通发票	10	—	—	—	—	—	—	—	—	—
未开具发票	11	—	—	—	—	—	—	—	—	—
小计	12=8+9+10+11	—	—	—	—	—	—	—	—	—
纳税检查调整	13	—	—	—	—	—	—	—	—	—
合计	14=12+13	—	—	—	—	—	—	—	—	—

三、免征增值税货物及劳务的销售额明细

项目	栏次	免税货物			免税劳务			小计		
		份数	销售额	税额	份数	销售额	税额	份数	销售额	税额
防伪税控系统开具的增值税专用发票	15	—	—	—	—	—	—	—	—	—
开具普通发票	16	—	—	—	—	—	—	—	—	—
未开具发票	17	—	—	—	—	—	—	—	—	—
合计	18=15+16+17	—	—	—	—	—	—	—	—	—

191

表 10-47　增值税纳税申报表附列资料（表二）

增值税纳税申报表附列资料（表二）

（本期进项税额明细）

税款所属时间：　年　月

纳税人名称：（公章）　　　　填表日期：　年　月　日　　　　　　　　金额单位：元至角分

一、申报抵扣的进项税额

项目	栏次	份数	金额	税额
（一）认证相符的防伪税控增值专用发票	1			
其中：本期认证相符且本期申报抵扣	2			
前期认证相符且本期申报抵扣	3			
（二）非防伪税控增值税专用发票及其他扣税凭证	4			
其中：海关进口增值税专用缴款书	5			
农产品收购发票或者销售发票	6			
废旧物资发票	7			
运输费用结算单据	8			
6%征收率	9	——	——	——
4%征收率	10	——	——	——
（三）外贸企业进项税额抵扣证明	11	——	——	
当期申报抵扣进项税额合计	12			

二、进项税额转出额

项目	栏次	税额
本期进项税转出额	13	
其中：免税货物用	14	
非应税项目用、集体福利、个人	15	
非正常损失	16	
按简易征收办法征税货物用	17	
免抵退税办法出口货物不得抵扣	18	
纳税检查调减进项税额	19	
未经认证已抵扣的进项税额	20	
红字专用发票通知单注明的进项税额	21	

三、待抵扣进项税额

项目	栏次	份数	金额	税额
（一）认证相符的防伪税控增值税专用发票	22	——		
期初已认证相符但未申报抵扣	23			
本期认证相符且本期未申报抵扣	24			
期末已认证相符但未申报抵扣	25			
其中：按照税法规定不允许抵扣	26			
（二）非防伪税控增值税专用发票及其他扣税凭证	27			

项目	栏次	份数	金额	税额
其中：海关进口增值税专用缴款书	28			
农产品收购发票或者销售发票	29			
废旧物资发票	30			
运输费用结算单据	31			
6%征收率	32	——	——	——
4%征收率	33	——	——	——
	34			
四、其他				
项目	栏次	份数	金额	税额
本期认证相符的全部防伪税控增值税专用发票	35			
期初已征税款挂账额	36	——	——	
期初已征税款余额	37	——	——	
代扣代缴税额	38			

注：第1栏=第2栏+第3栏=第23栏+第35栏一第25栏；第2栏=第35栏一第24栏；第3栏=第23栏+第24栏一第25栏；第4栏等于第5栏至第10栏之和；第12栏=第1栏+第4栏+第11栏；第13栏等于第14栏至第21栏之和；第27栏等于第28栏至第34栏之和。

表 10-48　固定资产进项税额抵扣情况表

固定资产进项税额抵扣情况表

纳税人识别号：　　　　　　　　纳税人名称（公章）：

填表日期：　年　月　日　　　　　　　　金额单位：元至角分

项目	当期申报抵扣的固定资产进项税额	当期申报抵扣的固定资产进项税额累计
增值税专用发票		
海关进口增值税专用缴款书		
合　　　计		

注：本表一式二份，一份纳税人留存，一份主管税务机关留存。

表 10-49　增值税纳税申报表

增值税纳税申报表

根据《中华人民共和国增值税暂行条例》第二十二条和第二十三条的规定制定本表。纳税人不论有无销售额，均应按主管税务机关核定的纳税期限按期填报本表，并于次月一日起十五日内，向当地税务机关申报。

税款所属时间：自　年　月　日至　年　月　日　填表日期：　年　月　日　　金额单位：元至角分

纳税人识别号											所属行业：	

纳税人名称	（公章）	法定代表人姓名		注册地址		营业地址	
开户银行及账号		企业登记注册类型					电话号码

项目		栏次	一般货物及劳务		即征即退货物及劳务	
			本月数	本年累计	本月数	本年累计
销售额	（一）按适用税率征税货物及劳务销售额	1				
	其中：应税货物销售额	2				
	应税劳务销售额	3				
	纳税检查调整的销售额	4				
	（二）按简易征收办法征税货物销售额	5				
	其中：纳税检查调整的销售额	6				
	（三）免、抵、退办法出口货物销售额	7			—	—
	（四）免税货物及劳务销售额	8				
	其中：免税货物销售额	9				
	免税劳务销售额	10				
税款计算	销项税额	11				
	进项税额	12				
	上期留抵税额	13		—		
	进项税额转出	14				
	免抵退货物应退税额	15				
	按适用税率计算的纳税检查应补缴税额	16				
	应抵扣税额合计	17=12+13−14−15+16				
	实际抵扣税额	18（如 17<11，则为 17，否则同为 11）				
	应纳税额	19=11−18				
	期末留抵税额	20=17−18		—		
	简易征收办法计算的应纳税额	21				
	按简易征收办法计算的纳税检查应补缴税额	22				
	应纳税额减征额	23				
	应纳税额合计	24=19+21−23				

续表

项目	栏次	一般货物及劳务		即征即退货物及劳务	
		本月数	本年累计	本月数	本年累计
期初未缴税额（多缴为负数）	25				
实收出口开具专用缴款书退税额	26				
本期已缴税额	27＝28＋29＋30＋31				
①分次预缴税额	28				
②出口开具专用缴款书预缴税额	29				
③本期缴纳上期应纳税额	30				
④本期缴纳欠缴税额	31				
期末未缴税额（多缴为负数）	32＝24＋25＋26－27				
其中：欠缴税额（≥0）	33＝25＋26－27		——		——
本期应补（退）税额	34＝24－28－29				
即征即退实际退税额	35	——	——		
期初未缴查补税额	36			——	——
本期入库查补税额	37			——	——
期末未缴查补税额	38＝16＋22＋36－37			——	——

授权声明	如果你已委托代理人申报，请填写下列资料：	申报人声明	此纳税申报表是根据《中华人民共和国增值税暂行条例》的规定填报的，我确定它是真实的、可靠的、完整的。
	为代理一切税务事宜，现授权		
	（地址） 为本纳税人的代理申报人。		
	申报表有关的往来文件，都可寄于此人。		
	授权人签字：		声明人签字：
收到日期：		接收人	主管税务机关盖章：

2）根据本章实训资料（1）和（2），填写消费税纳税申报表，消费税纳税申报表如表 10-50 所示；

表 10-50　其他应税消费品消费税纳税申报表

其他应税消费品消费税纳税申报表

税款所属期：　　年　月　日至　　年　月　日

纳税人名称（公章）：　　纳税人识别号□□□□□□□□□□□□□□

填表日期：　　　年　　　月　　　日　　　　　金额单位：元（列至角分）

项目 应税 消费品名称	适用税率	销售数量	销售额	应纳税额
合计	——	——	——	

本期准予抵减税额：	**声　明**
本期减（免）税额：	此纳税申报表是根据国家税收法律的规定填报的，我确定它是真实的、可靠的、完整的。
期初未缴税额：	经办人（签章）： 财务负责人（签章）： 联系电话：
本期缴纳前期应纳税额： 本期预缴税额： 本期应补（退）税额：	（如果你已委托代理人申报，请填写） **授 权 声 明** 　为代理一切税务事宜，现授权＿＿＿＿＿＿ ＿＿＿＿＿＿（地址）＿＿＿＿＿＿＿＿＿为 本纳税人的代理申报人，任何与本申报表有关的往来文件，都可寄予此人。
期末未缴税额：	授权人签章：

以下由税务机关填写

受理人（签章）：　　　受理日期：　　年　月　日　受理税务机关（章）：

3）根据实训资料（1）和（2）填报营业税申报表，申报表如表 10-51 所示；

表10-51　营业税纳税申报表

营业税纳税申报表（适用于查账征收的营业税纳税人）

纳税人识别号：　　　　电脑代码：

纳税人名称（公章）：

税款所属时间：自　年　月　日至　年　月　日　　填表日期：　年　月　日　　金额单位：元（列至角分）

税目	行次	营业额								税率%	本期税款计算						本期已缴税额			本期应缴税额结计			税款缴纳
		应税收入	前期多缴项目营业额				应税减除项目金额	应税营业额	免税收入		本期应纳税额		免（减）税额	期初大缴税额	前期多缴税额		已缴本期应纳税额	本期已被扣缴税额	本期已缴欠缴税额		本期期末应缴税额	本期期末欠缴税额	
			小计	营业额冲减	事后审批减免	其他减免					小计					小计				小计			
		1	2=3+4+5	3	4	5	6	7=1-6	8	9	10=11+12	11=7×9	12=8×9	13	14=2×9	15=16+17+18	16	17	18	19=20+21	20=11-14-16-17	21=13-18	
交通运输业	1																						
建筑业	2																						
邮电通讯业	3																						
服务业	4																						
娱乐业 5%税率	5																						
娱乐业 10%税率	6																						
娱乐业 20%税率	7																						
金融保险业	8																						
文化体育业	9																						
销售不动产	10																						
转让无形资产	11																						
	12																						
	13																						
合　计	14																						
代扣代缴项目	15																						
	16																						
总　计	17																						

纳税人或代理人声明：

此纳税申报表是根据国家税收法律的规定填报的，我确定它是真实的、可靠的、完整的。

纳税人（公章）：

如纳税人填报，由纳税人填以下各栏：　　　　　　　财务负责人（签章）：

办税人员（签章）：　　　　　　　　　　　　　　经办人（签章）：

如委托代理人填报，由代理人填写以下各栏：

代理人名称：

法定代表人（签章）：　　　　　　　　　　　联系电话：

代理人（公章）：

联系电话：

以下由税务机关填写：

受理人：　　　　　　受理日期：　年　月　日　　受理税务机关盖章：

本表为A3横式，一式三份，一份纳税人留存，一份主管税务机关留存，一份征收部门留存。

4）根据本章实训资料（1）和以上各表，填报城市维护建设税及教育费附加纳税申报表，申报表如表10-52所示；

表 10-52　城市维护建设税及教育费附加纳税申报表

城市维护建设税及教育费附加费纳税申报表

税款所属期：　年　月　日至　年　月　日　　　单位：元

管理代码：□□□□□

税务登记证号：□□□□□

纳税人名称：

税种	税目	征收范围	计税依据	所属时期	计税金额	税率（征收）（%）	应纳税（费）额	减免税（费）额	抵扣额	已纳税额	应补（退）税额
合计											

纳税人或代理人声明：
此纳税申报表是根据国家税收法律、法规的规定填报的，我确定它是真实的、可靠的、完整的。

如纳税人填报，由纳税人填写以下各栏：			如委托代理人填报，由代理人填写以下各栏：	受理机关（签章）
办税人员（签章）	财务负责人（签章）	法定代表人（签章）	代理人名称	
			经办人（签章）	受理日期：　年　月　日
			代理人（公章）	
			联系电话	
			联系电话	

5）根据本章实训资料（1）和实训资料（2）中的 7）填报扣缴个人所得税报告表，报告表如表 10-53 所示；

表 10-53　扣缴个人所得税报告表

扣缴个人所得税报告表

扣缴义务人编码：□□□□□□□□□□

扣缴义务人名称（公章）：

金额单位：元（列至角分）

填表日期：　年　月　日

序号	纳税人姓名	身份证照类型	身份证照号码	国籍	所得项目	所得期间	收入额	免税收入额	允许扣除的税费	费用扣除标准	准予扣除的捐赠额	应纳税所得额	税率%	速算扣除数	应扣税额	已扣税额	备注
1	2	3	4	5	6	7	8	9	10	11	12	13	14	15	16	17	18
										—	—	—	—				
合计										—	—	—	—				

扣缴义务人声明：我声明：此扣缴报告表是根据国家税收法律、法规的规定填报的，我确定它是真实的、可靠的、完整的。

声明人签字：

会计主管签字：　　　　　　　　　　负责人签字：

受理人（签章）：　　　　　　　　　受理日期：　年　月　日

扣缴单位（或法定代表人）（签章）：

受理税务机关（章）：

6）根据本章实训资料（1）和实训资料（2）中的 14）填报企业所得税季度预缴纳税申报表（A 类），报表如表 10-54 所示。

表 10-54　企业所得税季度预缴纳税申报表（A 类）

企业所得税季度预缴纳税申报表（A 类）

税款所属期间：　　年　月　日至　年　月　日

纳税人识别号：□□□□□□□□□□□□□□□

纳税人名称：　　　　　　　　　　　　　　　　　　金额单位：人民币元（列至角分）

行次	项　目	本期金额	累计金额
1	一、据实预缴		
2	营业收入		
3	营业成本		
4	利润总额		
5	税率（25%）		
6	应纳所得税额（4 行×5 行）		
7	减免所得税额		
8	实际已缴所得税额	——	
9	应补（退）的所得税额（6 行－7 行－8 行）		
10	二、按照上一纳税年度应纳税所得额的平均额预缴		
11	上一纳税年度应纳税所得额		
12	本月（季）应纳税所得额（11 行÷12 或 11 行÷4）		
13	税率（25%）	——	
14	本月（季）应纳所得税额（12 行×13 行）		
15	三、按照税务机关确定的其他方法预缴		
16	本月（季）确定预缴的所得税额		
17	总、分机构纳税人		
18	总机构 / 总机构应分摊的所得税额（9 行或 14 行或 16 行×25%）		
19	总机构 / 中央财政集中分配的所得税额（9 行或 14 行或 16 行×25%）		
20	总机构 / 分支机构分摊的所得税额（9 行或 14 行或 16 行×50%）		
21	分支机构 / 分配比例		
22	分支机构 / 分配的所得税额（20 行×21 行）		

谨声明：此纳税申报表是根据《中华人民共和国企业所得税法》、《中华人民共和国企业所得税法实施条例》和国家有关税收规定填报的，是真实的、可靠的、完整的。

法定代表人（签字）：　　年　月　日

纳税人公章： 会计主管： 填表日期：　　年　月　日	代理申报中介机构公章： 经办人： 经办人执业证件号码： 代理申报日期：　年　月　日	主管税务机关受理专用章： 受理人： 受理日期：　年　月　日

国家税务总局监制

参 考 文 献

李永芬．2007．收银实务．北京：中国财政经济出版社．

梁伟样，王碧秀．2009．企业纳税全真实训．北京：清华大学出版社．

张建强．2008．收银实务实训与练习．北京：中国财政经济出版社．